IDENTIDADE, CULTURA E DOCÊNCIA
REPRESENTAÇÕES DE PROFESSORES(AS) EM NARRATIVAS RIBEIRINHAS

Editora Appris Ltda.
1.ª Edição - Copyright© 2025 dos autores
Direitos de Edição Reservados à Editora Appris Ltda.

Nenhuma parte desta obra poderá ser utilizada indevidamente, sem estar de acordo com a Lei nº 9.610/98. Se incorreções forem encontradas, serão de exclusiva responsabilidade de seus organizadores. Foi realizado o Depósito Legal na Fundação Biblioteca Nacional, de acordo com as Leis nos 10.994, de 14/12/2004, e 12.192, de 14/01/2010.

Catalogação na Fonte
Elaborado por: Dayanne Leal Souza
Bibliotecária CRB 9/2162

C824i 2025	Correa, Maria Francisca Ribeiro
	Identidade, cultura e docência: representações de professores(as) em narrativas ribeirinhas / Maria Francisca Ribeiro Correa, Waldir Ferreira de Abreu. – 1. ed. – Curitiba: Appris, 2025.
	180 p. : il. ; 21 cm. – (Coleção Educação, Tecnologias e Transdisciplinaridades).
	Inclui referências.
	ISBN 978-65-250-7338-5
	1. Identidade. 2. Cultura. 3. Representação. I. Correa, Maria Francisca Ribeiro. II. Abreu, Waldir Ferreira de. III. Título. IV. Série.
	CDD – 371.1

Livro de acordo com a normalização técnica da ABNT

Appris
editorial

Editora e Livraria Appris Ltda.
Av. Manoel Ribas, 2265 – Mercês
Curitiba/PR – CEP: 80810-002
Tel. (41) 3156 - 4731
www.editoraappris.com.br

Printed in Brazil
Impresso no Brasil

Maria Francisca Ribeiro Correa
Waldir Ferreira de Abreu

IDENTIDADE, CULTURA E DOCÊNCIA

REPRESENTAÇÕES DE PROFESSORES(AS)
EM NARRATIVAS RIBEIRINHAS

Appris
editora

Curitiba, PR
2025

FICHA TÉCNICA

EDITORIAL	Augusto Coelho
	Sara C. de Andrade Coelho

COMITÊ EDITORIAL E CONSULTORIAS

Ana El Achkar (Universo/RJ)
Andréa Barbosa Gouveia (UFPR)
Antonio Evangelista de Souza Netto (PUC-SP)
Belinda Cunha (UFPB)
Délton Winter de Carvalho (FMP)
Edson da Silva (UFVJM)
Eliete Correia dos Santos (UEPB)
Erineu Foerste (Ufes)
Fabiano Santos (UERJ-IESP)
Francinete Fernandes de Sousa (UEPB)
Francisco Carlos Duarte (PUCPR)
Francisco de Assis (Fiam-Faam-SP-Brasil)
Gláucia Figueiredo (UNIPAMPA/ UDELAR)
Jacques de Lima Ferreira (UNOESC)
Jean Carlos Gonçalves (UFPR)
José Wálter Nunes (UnB)

Junia de Vilhena (PUC-RIO)
Lucas Mesquita (UNILA)
Márcia Gonçalves (Unitau)
Maria Margarida de Andrade (Umack)
Marilda A. Behrens (PUCPR)
Marília Andrade Torales Campos (UFPR)
Marli C. de Andrade
Patrícia L. Torres (PUCPR)
Paula Costa Mosca Macedo (UNIFESP)
Ramon Blanco (UNILA)
Roberta Ecleide Kelly (NEPE)
Roque Ismael da Costa Güllich (UFFS)
Sergio Gomes (UFRJ)
Tiago Gagliano Pinto Alberto (PUCPR)
Toni Reis (UP)
Valdomiro de Oliveira (UFPR)

SUPERVISORA EDITORIAL	Renata C. Lopes
PRODUÇÃO EDITORIAL	Adrielli de Almeida
REVISÃO	Isabel Tomaselli Borba
DIAGRAMAÇÃO	Andrezza Libel
CAPA	Lívia Weyl
REVISÃO DE PROVA	Bianca Pechiski

COMITÊ CIENTÍFICO DA COLEÇÃO EDUCAÇÃO, TECNOLOGIAS E TRANSDISCIPLINARIDADE

DIREÇÃO CIENTÍFICA Dr.ª Marilda A. Behrens (PUCPR)   Dr.ª Patrícia L. Torres (PUCPR)

CONSULTORES

Dr.ª Ademilde Silveira Sartori (Udesc)

Dr. Ángel H. Facundo
(Univ. Externado de Colômbia)

Dr.ª Ariana Maria de Almeida Matos Cosme
(Universidade do Porto/Portugal)

Dr. Artieres Estevão Romeiro
(Universidade Técnica Particular de Loja-Equador)

Dr. Bento Duarte da Silva
(Universidade do Minho/Portugal)

Dr. Claudio Rama (Univ. de la Empresa-Uruguai)

Dr.ª Cristiane de Oliveira Busato Smith
(Arizona State University /EUA)

Dr.ª Dulce Márcia Cruz (Ufsc)

Dr.ª Edméa Santos (Uerj)

Dr.ª Eliane Schlemmer (Unisinos)

Dr.ª Ercilia Maria Angeli Teixeira de Paula (UEM)

Dr.ª Evelise Maria Labatut Portilho (PUCPR)

Dr.ª Evelyn de Almeida Orlando (PUCPR)

Dr. Francisco Antonio Pereira Fialho (Ufsc)

Dr.ª Fabiane Oliveira (PUCPR)

Dr.ª Iara Cordeiro de Melo Franco (PUC Minas)

Dr. João Augusto Mattar Neto (PUC-SP)

Dr. José Manuel Moran Costas
(Universidade Anhembi Morumbi)

Dr.ª Lúcia Amante (Univ. Aberta-Portugal)

Dr.ª Lucia Maria Martins Giraffa (PUCRS)

Dr. Marco Antonio da Silva (Uerj)

Dr.ª Maria Altina da Silva Ramos
(Universidade do Minho-Portugal)

Dr.ª Maria Joana Mader Joaquim (HC-UFPR)

Dr. Reginaldo Rodrigues da Costa (PUCPR)

Dr. Ricardo Antunes de Sá (UFPR)

Dr.ª Romilda Teodora Ens (PUCPR)

Dr. Rui Trindade (Univ. do Porto-Portugal)

Dr.ª Sonia Ana Charchut Leszczynski (UTFPR)

Dr.ª Vani Moreira Kenski (USP)

A Olorum, criador e provedor da vida.
Aos meus pais e irmãos, por todo amor e cuidados a mim dispensados.
Aos meus filhos, Marlon, Francisca e Messias, que são a razão do meu existir.
Ao meu esposo, pelo partilhar da vida.
Aos(Às) professores(as) e estudantes das escolas ribeirinhas.

AGRADECIMENTOS

A Deus, meu mestre soberano, que me permitiu viver tantos dias para concretizar mais essa etapa em minha vida, concedendo-me forças, esperança, e, acima de tudo, humildade para reconhecer o quanto ainda preciso saber.

Aos familiares, pela compreensão nos momentos de ausência e incentivo necessário que me impulsionou para a concretização desta conquista e, por conseguinte, para a realização de um sonho e de um projeto de vida.

Ao Programa de Pós-Graduação em Educação e Cultura (PPGEDUC/UFPA-Cametá), e a seu corpo docente, pelas reflexões e contribuições teórico-metodológicas. Especialmente aos professores Waldir Abreu, Nonato Falabelo, Damião Bezerra, Benedita Celeste e Gilcilene Costa, pelas significativas contribuições no aprimoramento deste estudo.

[...] somos muitos Severinos
iguais em tudo e na sina:
a de abrandar estas pedras
suando-se muito em cima,
a de tentar despertar
terra sempre mais extinta,
a de querer arrancar
alguns roçado da cinza.
Mas, para que me conheçam
melhor Vossas Senhorias
e melhor possam seguir
a história de minha vida,
passo a ser o Severino
que em vossa presença emigra [...]

(Morte e Vida Severina – João Cabral de Melo Neto)

PREFÁCIO

Este livro é resultado de uma pesquisa de mestrado realizada na comunidade ribeirinha do Rio Quianduba, no município de Abaetetuba, e vinculada ao Programa de Pós-Graduação em Educação e Cultura (PPGEDUC) da Universidade Federal do Pará (UFPA), Campus Universitário de Cametá, interior da Amazônia paraense.

Tanto Cametá quanto Abaetetuba são municípios que ficam localizados na mesorregião do nordeste paraense e na microrregião do Rio Tocantins. Tocantins é um dos grandes rios que cortam essa imensa região chamada Amazônia.

O município de Abaetetuba, onde fica localizado o Rio Quianduba, possui 72 comunidades que compõem parte do seu território. Seus rios desaguam na bacia do Rio Pará, que, por sua vez, deságua na bacia do Tocantins, que também deságua no gigante Rio Amazonas. Eu poderia discorrer muito mais sobre essa nossa imensa região, seus rios, furos, igarapés, ilhas, territórios, lendas, histórias, seus povos, suas riquezas, seus costumes, seus primeiros habitantes e verdadeiros donos desse lugar. Não é esse meu objetivo. Mas confesso, querido leitor, não poderia falar da autora do livro sem falar do lugar de onde ela vem.

Francisca, como é carinhosamente chamada por todos nós que fazemos parte de sua história de vida, vem desse lugar. É desse lugar. Faz parte desse lugar. Vive e mora nesse lugar que se transformou em seu objeto de estudo. Eu, talvez, seja muito suspeito para falar de Maria Francisca, dada a proximidade que tenho com ela, ou que ela tem comigo. Fui seu orientador de mestrado no PPGEDUC e atualmente sou seu orientador de doutorado no Programa de Pós-Graduação em Educação/PPGED do Instituto de Ciências da Educação da Universidade Federal do Pará (UFPA – Campus Belém), onde ela investiga sobre "Infâncias Ribeirinhas na Comunidade do Rio Quianduba e Rio Paruru".

Vamos aos fatos. Conheci Francisca no ano de 2000, quando já estava professor e exercia o cargo de diretor da Faculdade de Educação do Campus Universitário de Abaetetuba/UFPA. Naquele ano, Francisca havia, via vestibular, entrado para cursar Pedagogia.

Abaetetuba — terra de homens e mulheres "fortes e verdadeiros", em tupi-guarani — é uma cidade com 157 mil habitantes, a sétima maior cidade do estado do Pará. Fica localizada na margem direita da foz do Rio Tocantins e à beira do Rio Maratauíra. Seu território é constituído de ilhas, composta de 72 comunidades, estrada (campo) e cidade (meio urbano). Francisca vem de uma dessas comunidades, situada no Rio Quianduba. Diariamente, durante sua graduação, Francisca deslocava-se de sua casa e vinha de rabeta (canoa pequena com motor) pelo Rio Quianduba, em seguida do Rio Maratauíra até o porto do centro da cidade de Abaetetuba e de lá, em uma bicicleta, dirigia-se ao Campus Universitário da Universidade Federal do Pará em Abaetetuba, que fica aproximadamente cinco quilômetros (km) de distância do porto onde deixava sua rabeta "estacionada" para poder retornar a sua casa assim que terminassem suas aulas. Quando começou a graduação em Pedagogia, já era formada em magistério do ensino médio. Seu deslocamento começava às 4h da manhã e seu retorno para casa era às 14h. Ao chegar em sua comunidade, ia direto para escola Nossa Senhora do Perpétuo Socorro começar seu expediente de trabalho como professora concursada do magistério para crianças do ensino fundamental. Foram cinco anos fazendo esse trajeto diariamente até que defendesse seu trabalho de conclusão de curso sobre educação ribeirinha. Após o término da graduação, fez uma especialização em Educação, Didática e Metodologia de Ensino e somente em 2015 volto a encontrar com Maria Francisca no curso de mestrado em Educação e Cultura, em que fui seu orientador.

Neste livro, caro leitor, você encontrará uma rica discussão sobre representações de professores que trabalham em comunidade ribeirinha, assim como narrativas que são produzidas e veiculadas na e pela oralidade desses sujeitos que participam das vivências e experiências docentes no contexto da educação ribeirinha. É por isso que estou nessa empreitada com ela, porque pesquiso infância e educação ribeirinha na Amazônia paraense.

Um grande achado da pesquisa foi, sem sombra de dúvida, a metodologia utilizada e a conexão que a autora faz com o poema "Morte e Vida Severina", de João Cabral de Melo Neto. Leia, pois o livro lhe proporcionará reflexões sobre práticas pedagógicas de professores em contexto ribeirinho.

Belém, 30 de setembro de 2024

Prof. Dr. Waldir Ferreira de Abreu
PPGED/ICED/UFPA

APRESENTAÇÃO

Como nos inspira e faz pensar o poema de João Cabral de Melo Neto "Morte e vida severina"? E como tantos severinos apresentados e representados todos os dias nos palcos da vida, em alguns momentos assumindo-se como protagonistas de suas realidades e, em outros, sendo protagonizados e antagonizados por outros sujeitos que cruzam suas vidas. Quem são esses sujeitos tão diferentes, mas tão iguais em suas (des)humanidades, que todos os dias marcam suas presenças ou ausências pelos lugares por onde perpassam suas trajetórias de vida pessoal e profissional?

São indagações como essas e tantas outras que estão postas e perpassam o cotidiano de professores(as) ribeirinhos(as). Sujeitos que pertencem às minorias que historicamente foram silenciadas pela hegemonia imperial europeia. São os coletivos sociais étnicos de gênero e raça, ribeirinhos(as), indígenas, camponeses, quilombolas, extrativistas, pescadores, caiçaras, mulheres e homens das águas, dos rios e das florestas, que durante séculos tiveram suas identidades rejeitadas, negadas, subalternizadas e exploradas. São esses sujeitos que, em certo contexto do século XX, começam a tomar consciência política de suas condições marginais e passam a reivindicar as autorias de suas próprias identidades.

É em torno dessas questões que se estrutura este livro. Como força e energia renovadora, a presente obra sugere a urgência de pensar o trabalho docente como exercício humano, dadas as condições estruturais em que o fazer de professores(as) se materializa no chão da sala de aula.

O texto faz um exercício necessário para pensar os modos como as identidades são representadas por outros sujeitos nos diferentes contextos socioculturais. Assim, a materialidade do trabalho docente incide sobre a realidade em que se produz, mas também é resultado dessa produção. De modo que as discussões e os apontamentos feitos no texto reconhecem que é pela cultura que homens e mulheres produzem sua existência, e, ao mesmo tempo, são resultado dessa interação. É no interior das relações socioculturais que as identidades são construídas e veiculadas.

Reconhecer a(s) presença(s) e ausência(s) dos outros é uma questão política, é uma opção pessoal e coletiva. Significa assumir um compromisso ético-político com aqueles(as) que viveram por muito tempo na(s) periferia(s) social(is). É com esse intuito que este livro assume uma posição crítica e opta por fazer ecoar as vozes desses sujeitos — em narrativas — que vivem o dia a dia da educação ribeirinha.

LISTA DE ABREVIATURAS E SIGLAS

AICEB   Associação das Igrejas Cristãs Evangélicas do Brasil

AMIA   Associação dos Moradores das Ilhas de Abaetetuba

CEBs   Comunidades Eclesiais de Base

CRÁS   Centro de Referência de Assistência Social

Emeif   Escola Municipal de Educação Infantil e Ensino Fundamental

Incra   Instituto Nacional de Colonização e Reforma Agrária

HP   Hora Pedagógica

Moriva   Movimento dos Ribeirinhos e Ribeirinhas das Ilhas de Abaetetuba

NSPS   Nossa Senhora do Perpétuo Socorro

PAE   Projeto de Assentamento Agroextrativista

PU   Plano de Utilização e Uso da Ilha

SAP   Servidor(a) de Apoio Pedagógico

SEMAS   Secretaria Municipal de Assistência Social

SEMEC   Secretaria Municipal de Educação e Cultura

SUMÁRIO

CAPÍTULO I
ELEMENTOS INTRODUTÓRIOS 21

CAPÍTULO II
NO CAMINHO DO RIO: O USO DAS NARRATIVAS ORAIS COMO CAMINHOS PARA A PESQUISA EM CIÊNCIAS HUMANAS E SOCIAIS 29
    1. Origens do estudo..29
    2. O município de Abaetetuba como lugar de estudo.........................33
    3. O contexto da comunidade do Rio Quianduba 37
    4. As narrativas orais como possibilidade para interpretar o cotidiano 47
    5. Percursos metodológicos: as narrativas orais como possibilidade para conhecer o outro..49

CAPÍTULO III
A RELAÇÃO ENTRE IDENTIDADE, CULTURA E SABERES DOCENTES 57
    1. A identidade docente enquanto construção social.........................59
    2. A representação da identidade em Marx e Ciampa 70
    3. Identidade e diferença: caminhos indissociáveis 77
    4. Cultura: visões e posições entre pontos e contrapontos conceituais 80
        4.1 A cultura enquanto produção material 84
    5. A relação entre a identidade e os saberes docentes.......................96

CAPÍTULO IV
REPRESENTAÇÕES DE PROFESSORES(AS) EM NARRATIVAS RIBEIRINHAS NA COMUNIDADE DO RIO QUIANDUBA 113
    1. As primeiras impressões e expressões 113
    2. O contexto escolar 119
    3. A escola e o tempo/espaço da docência na comunidade de Quianduba....123
        3.1 O tempo de ensinar e aprender 123

4. A profissão docente na comunidade de Quianduba: escolha ou necessidade? 132

5. O significado da atividade docente para a comunidade de Quianduba: escolha ou necessidade? 136

6. As representações de professores(as) em narrativas ribeirinhas na comunidade de Quianduba...140

   6.1 A representação de professor(a) pelas relações afetivas na sala de aula 141

   6.2 As representações de professores(as) a partir dos saberes docentes 149

   6.3 As representações de "si" 153

CAPÍTULO V
AS EXPERIÊNCIAS COM AS NARRATIVAS ORAIS: POSSIBILIDADES E LIMITES PARA A FORMAÇÃO DO(A) PESQUISADOR(A) 159

À GUISA DA CONCLUSÃO 165

REFERÊNCIAS 173

ÍNDICE REMISSIVO 179

Capítulo I

ELEMENTOS INTRODUTÓRIOS

Ao iniciar a escrita deste texto, penso na necessidade de narrar os motivos que me levaram a pensar e escrever sobre o lugar de onde falo e situo o objeto de análise, que trata sobre identidade, cultura e docência: representações de professores (as) em narrativas orais.

De tal modo, este capítulo apresenta as trajetórias de uma vida "Severina", que foi se (re)construindo com/pelas relações sociais, profissionais, afetivas e políticas com as quais fui me envolvendo e me movendo no cenário da vida. Nas linhas que seguem, falo sobre minha trajetória pessoal e profissional e meu vínculo amoroso e comprometido com as populações ribeirinhas.

Nasci e vivi por muitos anos na Comunidade de Quianduba. Durante minha infância, o tempo foi meu aliado e o rio, principal companheiro das brincadeiras de pira-pega, pira-ajuda, pira-mãe, porfia de canoa, porfia de nado e as aventuras pelos igarapés e furos, principalmente nas viagens ao lado de meu pai para a localidade de Maracapucu[1]. Nesse lugar, são produzidos utensílios de argila, como potes, vasos, alguidares, entre outros, que meu pai, na época, comercializava no Ver-o-Peso[2]. Mas como ser criança e viver minha infância ribeirinha no contexto do final dos anos 70 e início da década de 80, num país que ainda respirava as agruras do regime militar? Era um desafio diário, uma vez que as proibições eram constantes em minha vida: menina não podia brincar de bola, menina tinha que aprender os afazeres domésticos, não podia isso, não podia aquilo. A ideia que revirava minha vida era "é proibido".

---

[1] Um dos inúmeros rios que compõem a geografia aquaviária abaetetubense.

[2] É um mercado público, inaugurado em 1625, pertencente ao Complexo do Ver-o-Peso, situado na cidade brasileira de Belém, no estado do Pará. Localizado na Avenida Boulevard Castilhos França, no bairro da Campina, às margens da Baía do Guajará.

Porém, já no auge de minha juventude, entre tempos de vivência na capital do estado e as vivências na comunidade, durante as férias escolares, participava dos encontros na Comunidade Eclesial de Base (CEB), criada pelo Concílio Vaticano II em 1962, em que aprendi a olhar o outro com respeito e sensibilidade, valores que também me foram ensinados no seio familiar, lições que outrora constituíam a base da educação em minha casa.

As CEBs espalharam-se por todo o Brasil e na América Latina e tornaram-se um importante instrumento de oposição aos estados militares, ganhando força no cenário nacional entre as décadas de 1970 e 1980, confrontando os ideais do Estado ditatorial e autoritário, favorecendo a crise e enfraquecendo a legitimidade desse regime. Nesse panorama, atuei até meados da década de 1980, como liderança no grupo de adolescentes da comunidade católica. Logo depois, por ausência do Estado na garantia do direito à continuidade do processo educacional, fui morar com parentes em Belém para prosseguir a escolaridade na 5ª série. Esses foram tempos difíceis, longe do aconchego familiar, um novo desafio me esperava. Estudar na capital era privilégio para poucos. Foram tempos de novas aprendizagens e adaptações, costumes, modos de falar, de andar e de se vestir. Tudo era novo e estranho ao mesmo tempo. Uma outra cultura se impunha em meu cotidiano. Minha identidade agora era estranha ao lugar, assim como o lugar era diferente do contexto da Comunidade de Quianduba. Os ritmos do cotidiano na capital eram outros e a rotina havia mudado. A rua, os muros, o trânsito e o ir e vir das pessoas limitava minha liberdade. No início da década de 1990, pela carência de professores na comunidade, fui convidada para retornar e ajudar na educação das inúmeras crianças que estavam fora da escola.

Em março de 1992, comecei minhas primeiras experiências na docência na Comunidade de Quianduba. Havia concluído apenas o ensino fundamental. Então fui contratada como professora leiga I — a minha primeira identidade como professora. Durante dois anos, atuei como professora atendendo 42 alunos no turno da manhã e 40 alunos no turno da tarde, sendo que em parte da minha jornada de trabalho prestava serviço voluntário à comunidade, já que meu contrato era apenas para 100 horas. A partir de 1994, atuei como professora concursada e em 1999 concluí o magistério por meio do convênio celebrado entre a prefeitura e a Universidade Federal do Pará, no Projeto Gavião — oportunidade única de formação para centena de professores leigos que, naquela época, atuavam na educação do campo, nas ilhas, estradas e ramais do município de Abaetetuba, assim como no estado do Pará e em grande parte do território amazônico.

A partir do então denominado Projeto Gavião, concluí o magistério em 1999 e assumi uma nova identidade: a de professora titulada. Mas ainda me percebia incompleta e compreendi que minha (in)completude ia se fazendo junto aos outros, nas experiências que vivíamos diariamente no exercício do trabalho docente, nas reuniões de grupo na comunidade, na associação de moradores, nos encontros de formação de professores que aconteciam na Paróquia das Ilhas. E, assim, com esses outros fui me tornando eu mesma.

A cada tempo novos desafios e exigências se apresentavam no cotidiano de minha profissão, mas foi no ano de 1997 que passei a viver experiências como gestora da Escola Nossa Senhora do Perpétuo Socorro, na Comunidade de Quianduba, e senti a necessidade de dar continuidade em meu processo formativo, ingressando então no curso de Pedagogia. Em 2001, passei a dividir meu tempo novamente, entre o trabalho na escola da comunidade e a universidade, num contexto em que, mesmo diante de tantas barreiras que insistiam em fazer parte do meu cotidiano, fui percebendo que já não era a mesma. Os caminhos que tanto busquei haviam traçado e marcado meus tempos, minhas experiências, meus sentidos e desejos, e, acima de tudo, meu ser. Deixei a "professora leiga" guardada em um bom lugar na memória, pelas lições muitas vezes sofridas, mas aprendidas. E assumi a condição de licenciada em Pedagogia. Mas como responder àquela angústia que insistia em continuar a mover-me rumo a novos caminhos e à ausência de minha (in)completude diante de uma nova realidade profissional, dessa vez na cidade, num contexto diferente de tudo que já tinha vivido?

Percebi novamente que minha (in)completude se fazia cotidianamente e que não há um tempo fim: todo tempo é sempre um começo e assim, entre o rio e a cidade, fui me fazendo eu, cada vez mais gente, cada vez melhor, mais humana, solidária e comprometida com uma causa que dava sentido à minha existência: a educação ribeirinha.

Entendi que não podia fugir, porque havia um refúgio seguro, mesmo que estivesse na comodidade de minha casa ou de minha família, existiam tantos outros que esperavam e dependiam das minhas ações. Mas, eu mesma, continuava solitária. De modo que, mais uma vez, e por fim, aprendi minha maior lição: as causas daquele povo eram também as minhas e só me sentia feliz junto desses outros.

Por isso sempre haveremos de nos encorajar nas veredas da vida. E a cada dia, a cada experiência, minha coragem aumentava para continuar a caminhada na busca de minha completude. Já em 2014, vivi a experiência acadêmica do mestrado. Posso dizer que lá estava eu, novamente, e, dessa vez, entre rios e cidade, tentando constituir, formar e transformar minha identidade.

Mais um tempo e outro lugar chegam, para tentar ir me completando. Entre esses tempos e vivências vi a oportunidade de falar sobre as "severinidades" da profissão docente, a vida Severina que marca o exercício da atividade docente. E agora, já na segunda década do século 21, passados mais de 20 anos dessas construções e trajetórias que foram entrelaçadas em minhas histórias, assumi a árdua tarefa de compartilhar com meus pares os pensamentos e reflexões que giram em torno desta obra. Uma escrita sobre quais são as representações construídas e veiculadas na oralidade da Comunidade do Rio Quianduba e de que maneira essas representações repercutem na prática pedagógica desses professores(as) no contexto escolar e, ao mesmo tempo, marcam e constituem suas identidades.

Os primórdios deste livro ancoram-se nas experiências que vivi durante a realização de atividades de pesquisa, tanto da graduação quanto da pós-graduação, em duas escolas localizadas na Comunidade de Quianduba. O que me levou a outros lugares e a encontrar outras vidas severinas. Com o desenvolvimento dessas experiências, fui constatando que a educação oferecida nas escolas ribeirinhas silencia e nega as experiências e vivências do contexto sociocultural das crianças, invisibilizando seus lugares, seus modos de vida, suas condições de vida severina. Essa constatação, aos poucos, foi se transformando em indagações, que insistiam em perguntar-me sobre: quais são as representações de professores que constituem o ideário das populações ribeirinhas? Como os(as) professores(as) pensam e constroem suas identidades docentes durante suas trajetórias profissionais? Como eles se representam e são representados por seus pares?

Nesse sentido, este texto não olha a representação da identidade docente sob a visão apenas dos professores(as), mas também analisa a identidade docente a partir das representações contidas nas narrativas de pais, alunos e demais membros da comunidade escolar Nossa Senhora do Perpétuo Socorro, considerando que tais reflexões podem possibilitar o aparecimento de novas representações identitárias construídas no contexto dessa comunidade.

A obra tem o objetivo de analisar, a partir das narrativas orais, as representações de professores(as) que são construídas e veiculadas na oralidade da Comunidade do Rio Quianduba, considerando as repercussões na prática docente no contexto escolar, buscando perceber como o(a) professor(a) vai construindo a representação de si mesmo e, ao mesmo tempo, sendo representado pelos outros sujeitos que o interpelam no cotidiano da prática educativa.

Aponta ainda para a perspectiva de discutir a constituição da identidade docente sob a ótica do atravessamento de diferentes conceitos e concepções como: as representações do papel do(a) professor(a) segundo as concepções dos alunos e de seus familiares, assim como dos demais membros da Comunidade de Quianduba e dos(as) próprios(as) professores(as). Tal reflexão caminha construindo possibilidades para ressignificação de alguns conceitos e papéis assumidos pelos sujeitos envolvidos na produção, construção e veiculação das severinidades de suas vidas de professores(as). Significa repensar a identidade docente por dentro da profissão e pelos seus sujeitos que a materializam, o que até então tem sido feito mais pela tradição pedagógica do que pela tradução dos sentidos, desejos e saberes dos professores.

O texto está organizado em quatro capítulos, sendo que no primeiro capítulo, que chamei de "Elementos introdutórios", entro em cena para me apresentar como coautora das severinidades de meu eu na relação com os outros, com os lugares e tempos de vivências e experiências que marcaram minha trajetória de vida pessoal e profissional, bem como as experiências que foram perpassando pela constituição de minha(s) identidade(s). Além de ressaltar minha filiação e compromisso ético, político, social e cultural com a escola ribeirinha. E ressalta as motivações e inquietações que provocaram a análise.

No segundo capítulo, abordo o contexto no qual o objeto em evidencia é analisado, situando a Comunidade de Quianduba, no município de Abaetetuba. Delineio os percursos metodológicos, traçados e percorridos pela investigação, desde a origem e interesse pela temática, bem como enfatizo o método de pesquisa que sustenta e orienta nossa caminhada por dentro das narrativas orais.

No terceiro capítulo, trago para a cena a relação entre identidade, cultura e saberes docentes, ao pensar que é preciso discutir as representações de professores(as) tomando como fonte de análise o contexto sociocultural em que a identidade docente vai sendo representada, formada e transformada no interior das relações sociais e, principalmente, na relação com os saberes e a prática docente.

Finalmente, no quarto capítulo, elucido o diálogo sobre as representações de professores(as) na Comunidade do Rio Quianduba, considerando as narrativas dos diferentes sujeitos que participam da obra, como tantos "Severinos e Severinas" constituem suas identidades na relação com os rios, as águas e a mata.

Para consubstanciar esta análise, lanço âncoras nos pressupostos do marxismo histórico dialético, enquanto campo teórico crítico, por compreender que as representações de professores(as) são construídas e veiculadas numa sociedade estruturada sob o modo de produção capitalista, dividida em classes sociais que, antagonicamente, enfrentam-se constantemente pela hegemonia de um modelo econômico pautado por relações sociais de produção e manutenção do sistema capitalista. De modo que também as representações de professores(as), suas identidades, vão se construindo e transformando no interior desses processos interativos, especificamente nas e pelas relações cotidianas com o fazer pedagógico.

Partindo das posições e concepções de Ciampa (1998, 2001) e Williams (1992, 2007, 2011), evidenciar as representações de professores(as) na Comunidade de Quianduba significa compreendê-las no e pelo contexto sociocultural em que as relações sociais são produzidas. Dessa forma, é possível que as representações de professores(as) construídas e veiculadas na Comunidade Quianduba se constituam para além das paredes da escola: elas habitam a materialidade das relações sociais, culturais e econômicas, e, dialeticamente, estão imbricadas com os tempos e lugares de rio e mata. Posto que, conforme Marx (1982), o sujeito e o objeto do conhecimento são históricos, é necessário que a análise considere o objeto de estudo na complexidade das relações sociais e como consequência de tensões e contradições no interior da sociedade.

Capítulo II

NO CAMINHO DO RIO: O USO DAS NARRATIVAS ORAIS COMO CAMINHOS PARA A PESQUISA EM CIÊNCIAS HUMANAS E SOCIAIS

[...] esse rio é minha rua, minha e tua mururé,
piso no peito da lua, deito no chão da maré [...].
(Paulo André e Rui Barata)

Este capítulo trata sobre os caminhos percorridos pelo objeto em análise, mostra sua trajetória no interior do contexto da comunidade em que a temática é trabalhada, perpassando pela origem do trabalho, contextualizando a comunidade ribeirinha de Quianduba. Aborda o uso das narrativas orais como caminho para a pesquisa, no campo das ciências humanas e sociais, como possibilidade para interpretar e conhecer o cotidiano, tomando como premissas essenciais para a análise das representações de professores(as) da Comunidade do Rio Quianduba em Abaetetuba-PA as narrativas ribeirinhas sob a orientação da história oral.

1. Origens do estudo

As origens deste estudo estão relacionadas desde o momento em que tive contato com a Comunidade do Rio Quianduba, por meio de uma atividade de pesquisa realizada com professores, no ano de 2009. Naquele momento, a preocupação central era compreender as práticas curriculares implementadas na escola ribeirinha, mediante as novas exigências trazidas pelas Diretrizes Operacionais para Educação Básica nas Escolas do Campo, instituídas pela Resolução n.º, 1º de abril de 2002.

Desde então, a discussão sobre a identidade docente na Comunidade do Rio Quianduba passou a se delinear, uma vez que o contexto da docência passou a ser foco de análise. Nesse período, a maioria dos professores que atuavam na comunidade deslocavam-se diariamente da cidade até a escola local, de modo que a (com)vivência comunitária de alunos, pais e professores que residiam na comunidade e esses outros professores recém chegados apresentava novos desafios entre os que "vinham da cidade" — expressão usada pelos membros da comunidade para referir-se aos novos professores — e a população local.

Essa nova dinâmica estabelecida pela presença ou ausência de indivíduos alheios ao cotidiano da comunidade de Quianduba forjou conflitos e novas maneiras de estar, ser e fazer a docência entre os tempos do rio e da cidade desses profissionais. Os discentes perceberam a intensificação de um processo de resistência por parte dos moradores em aceitar esses novos profissionais que chegavam. Por outro lado, os(as) professores(as) também tentavam se impor e se autoafirmar na comunidade, uma vez que tinham o direito de estar e exercer suas atividades na escola da comunidade.

A partir desse momento, observei que algo diferente começa a surgir no seio da comunidade. Posturas, atitudes e expressões que conotavam, já naquele momento, um processo de identificação ou diferenciação entre os sujeitos, como salienta a narrativa de um pai de aluno. Ele diz que:

> [...] *com os professores que são daqui (aponta com o indicador para o lugar onde está), é mais fácil de falar, porque nem sempre dá pra vim na escola de manhã a gente trabalha e quando chega de tarde, que é o tempo que a agente tem, os professores da cidade já foro simbora, isso é dificurtusu pra nós* [...]. (FALA DO PAI 3, 2009 *apud* CORREA, 2009, p. 74).

A pesquisa mostrou que um entre tantos desafios era o fato de que a maioria dos docentes não residia na comunidade e isso gerou uma barreira intransponível na relação entre pais, professores e equipe gestora. Os conflitos eram constantes, visto que esses professores, moradores da cidade, pouco participavam da vivência escolar na comunidade. Por exemplo, nas reuniões de pais, que eram bem mais frequentadas se ocorressem nas sextas-feiras à tarde ou no sábado, já que essas pessoas tinham uma intensa jornada de trabalho, fosse nas olarias ou nos açaizais. Logo, essas pessoas não podiam participar de reuniões pela manhã, horário em que se ocupavam com suas atividades laborais. Já os professores, que em sua maioria vinham da cidade, só tinham condições de participar das reuniões pela manhã, uma vez que à tarde tornava-se inviável por conta do retorno para a cidade, por ser em horário impróprio para viajar e fazer travessias na baía, especialmente nos períodos de inverno com fortes chuvas, temporais, correntezas e muitos desafios que enfrentavam todos os dias para exercer o trabalho docente.

Sobre esse sentimento de pertença e a defesa "dos que são daqui", Silva lembra que essa posição faz parte de um modo próprio de viver ribeirinho, pois

> [...] ao transformarem a natureza desses espaços, imprimiram sua história e, ao darem continuidade à reprodução de suas culturas por meio de seus trabalhos e de outros atos simbólicos, eles construíram identidade de pertencimento territorial, e auto identificam-se como "nós desse lugar [...]. (SILVA, 2006, p. 73).

Logo após, no ano de 2011, realizei outra atividade, ainda nessa mesma comunidade. Dessa vez com professores de História, Língua Portuguesa e Artes, em que o foco e o objetivo do trabalho voltaram-se para refletir sobre a implementação da Lei 10.639/2004 no contexto da prática docente, especificamente nas suas disciplinas no ensino fundamental de 5ª a 8ª série.

A pesquisa foi conduzida a partir do estudo de caso em uma das escolas da comunidade e revelou que não havia uma preocupação voltada para pensar os sujeitos locais, seus lugares de pertencimento, suas identidades socioculturais, seus saberes, seus valores, enfim, as especificidades do contexto cultural que marcam a especificidade da população local. Mostrou também que as relações sociais e de trabalho entre os membros da comunidade escolar estavam enfraquecidas e havia uma nítida divisão entre os grupos sociais da escola.

Considerando tal contexto, passei a indagar-me ainda mais sobre as representações de professores(as) que passaram a ser construídas e veiculadas pela oralidade da comunidade ribeirinha de Quianduba, principalmente considerando as disposições trazidas pelas Diretrizes Operacionais para a Educação Básica nas escolas do Campo (2002) e a realidade vivida no cotidiano escolar.

Para além dessas indagações, considero importante, também, possibilitar ao próprio professor(a) se autorrepresentar, pensar sobre sua identidade, refletir sobre si, parar um pouco com a "correria" da profissão e olhar para dentro dos rios de sua atividade profissional, mergulhar no contexto de suas práticas educativas e perceber sua condição de sujeito social, cultural, político, ético, e que, de uma maneira ou de outra, assume um importante papel no contexto comunitário. Por isso escolhi trabalhar com as narrativas orais como fio condutor da pesquisa que origina esta obra, possibilitando aos outros contarem, recontarem, construírem e reconstruírem suas histórias de vida e, por conseguinte, refazerem suas próprias identidades, sendo autor, narrador, leitor e ao mesmo tempo ator de sua própria representação.

Convém ressaltar que durante muito tempo atuei como professora nessa comunidade, onde nasci, cresci, vivi parte de minha infância enquanto aluna de uma escola ribeirinha, multisseriada, em que a professora assumia diversos e diferentes papéis ao mesmo tempo e, de alguma forma, fui professora sendo aluna e sendo aluna fui aprendendo a ser professora.

Durante o tempo em que estive diretamente envolvida na docência nessa comunidade, nunca parei para pensar: o que era ser professora naquele lugar? Como éramos vistos e representados pelos outros sujeitos da comunidade? Que características, experiências e vivências específicas nos identificavam enquanto professores dessa comunidade? Como fomos construindo e reconstruindo nossas identidades a ponto de nos assumirmos como professores(as) ribeirinhos(as)? Enfim, inúmeras inquietações começaram a surgir, assim como a correnteza que movimenta o rio, que faz as águas mudarem seu curso, que sobe e desce em tempos próprios.

A necessidade de desvendar o cotidiano da docência ribeirinha vem da certeza de que essa é uma forma de construção de conhecimento, para quem agora passa a olhar o lugar com certa estranheza e distanciamento. Um olhar que mergulha nas águas desse rio e busca respostas às questões suscitadas num passado nem tão distante, vislumbrando compreender o presente e a partir dele construir possibilidades futuras.

2. O município de Abaetetuba como lugar de estudo

Figura 1 – Mapa do Município de Abaetetuba-PA

Fonte: Google Maps[3]

O município de Abaetetuba possui uma área de 1.090km² e está situado no nordeste do estado do Pará, precisamente no estuário dos rios Pará e Tocantins, onde esses dois rios formam a Baía de

---

[3] Disponível em: https://www.google.com.br/maps/@-1.7514474,-48.9959305,11924m/data=!3m1!1e3. Acesso em: 25 jan. 2020.

Marapatá, na região Tocantina. Possui um território topográfico bastante acidentado com a presença de diversas ilhas, igarapés, furos, baías, praias e costas formando assim a região ribeirinha ou região das Ilhas de Abaetetuba.

A origem de Abaetetuba entrelaça-se com a história da Vila de Beja, a qual originou-se por volta de 1635 com o surgimento da aldeia indígena dos Motiguar. Vindo da região do Marajó, esse povo nômade instalou-se na aldeia denominada Samaúma, tornando-se, tempos depois, uma freguesia com o nome de São Miguel de Beja.

Na Vila de Beja morou o português Francisco de Azevedo Monteiro, que ganhou na época uma sesmaria à sua escolha na região do Baixo Tocantins. O ano de 1745 é considerado o marco histórico que define o começo de Abaetetuba. Na viagem à procura de um lugar que lhe servisse para o estabelecimento de sua sesmaria, Francisco de Azevedo Monteiro e sua família seguiam numa embarcação, mas antes de chegar à Vila de Beja, um temporal irrompeu sobre eles desviando sua rota e fazendo-os chegar a uma ponta de terra — atualmente denominada de Jarumã, às margens do Rio Maratauíra, onde resolveu ficar. Com a ajuda de seu pessoal e dos nativos que viviam no local, deu início à construção de uma capela de taipa e barro dedicada à Nossa Senhora da Conceição. Após vários anos, desiludido por não encontrar o que queria — as terras ricas em cravo, que era uma droga do sertão — Francisco de Azevedo Monteiro desistiu da sesmaria e voltou de vez para Belém com sua família.

Em 1773, algumas famílias vindas do Marajó acabaram por se instalar na antiga Sesmaria de Francisco Monteiro, dando início a um povoado. Entre elas, veio junto uma mulher negra mestiça de nome Mariana Brites, que se juntou a André Soares Muniz, natural de Beja. Dessa união, nasceu Tereza que se casou com Manoel da Silva Raposo, outro grande expoente na história de Abaetetuba. Raposo, estimulado pela sogra, reconstruiu a capela de Nossa Senhora da Conceição, alinhou as poucas casas do lugarejo dando origem à primeira rua do povoado, hoje denominada Travessa Pedro Rodrigues. Foi assim que tudo começou em Abaetetuba. O trabalho de Manoel Raposo em prol do povoado fez com que o governo lhe concedesse a posse da sesmaria que, anos antes, fora abandonada por Francisco Monteiro. Já próximo do final de sua vida, ele doou a posse da sesmaria à Mitra Diocesana.

Vários fatos históricos ocorreram então envolvendo a Vila de Beja, a Vila de Abaeté, o município de Igarapé-Miri e Belém. Incorporações, transferências, anexações e cancelamentos aconteceram entre o período de 1844 até 1930 quando, de forma definitiva, o território de Abaeté voltou a ganhar autonomia.

Os nomes que Abaetetuba recebeu durante toda sua história foram de Jarumã para Povoado de Nossa Senhora da Conceição de Abaeté, posteriormente Abaeté e Abaeté do Tocantins. Jarumã porque era o nome do local onde Francisco Monteiro aportou durante a tempestade que se lançou sobre sua embarcação na viagem de Belém à Beja. Por ter conseguido se salvar e esse ser o dia 8 de dezembro de 1724, dia consagrado à santa, o local passou a ser chamado de Povoado de Nossa Senhora da Conceição de Abaeté, da qual Monteiro era devoto. Logo foi abreviado para Abaeté como ficou conhecido por conta do rio que banha parte da cidade. O termo "Abaeté", originário do tupi, significa "homem forte, valente e prudente, homem ilustre". Tal denominação perdurou até a publicação do decreto-lei n.º 4.505, de 30 de setembro de 1943, recomendando que não poderia haver no Brasil mais de uma cidade ou município com o mesmo nome, pois no estado das Minas Gerais já existia o município e a cidade de Abaeté. Por ser a Abaeté de Francisco Monteiro mais nova, foi decidido pela mudança do nome para Abaetetuba, como sugeriu o historiador Jorge Hurley, em que o sufixo "tuba", em tupi, quer dizer "lugar de abundância". Essa denominação durou até 1961, quando o deputado Wilson Pedrosa Amanajás mudou o nome para Abaeté do Tocantins. De acordo com ele, tal denominação estaria mais próxima à tradição local. Em 1963, o deputado João Reis conseguiu que a cidade e o município voltassem a se chamar Abaetetuba, denominação que perdura até hoje. Assim, podemos definir Abaetetuba como "lugar que possui em abundância homens e mulheres fortes, valentes e ilustres".

Atualmente Abaetetuba destaca-se no cenário nacional, principalmente pela confecção dos brinquedos e artefatos de miriti e pelo alto nível de organização e luta dos movimentos sociais, como o Moriva, que tem conseguido trazer uma nova perspectiva de vida para as populações ribeirinhas das ilhas de Abaetetuba, a Paróquia das Ilhas, o STTR, a Amia e outras lideranças religiosas.

De acordo com o levantamento socioeconômico feito pelo Instituto Nacional de Colonização e Reforma Agrária (Incra) realizado no ano de 2006 nas Ilhas de Abaetetuba, existem, atualmente, nas 20 ilhas, áreas quilombolas e áreas de várzea, aproximadamente 43.806 habitantes residindo às margens dos rios, furos e igarapés, sendo essas populações constituídas por ribeirinhos, pescadores e quilombolas que vivem basicamente do extrativismo em áreas de assentamentos criadas pelo Incra. Uma dessas é a ilha Quianduba, que está localizada próxima à cidade de Abaetetuba, distando desta em torno de 10 km em linha reta, com uma duração de aproximadamente 1h30 de deslocamento de barco, saindo do porto da cidade até a Comunidade do Rio Quianduba, tendo como principal meio de acesso para a cidade o fluvial, utilizando embarcações de pequeno a médio porte, denominada pela população ribeirinha de "rabetas" e barcos "freteiros".

3. O contexto da comunidade do Rio Quianduba

Figura 2 – Comunidade do Rio Quianduba

Fonte: arquivo pessoal da autora (2015)

Aqui começo a falar, mais especificamente, do lugar das narrativas, do contexto da comunidade ribeirinha de Quianduba, enquanto cenário e palco onde analiso as representações de professores(as) construídas e veiculadas na oralidade da comunidade ribeirinha, levando em consideração os saberes docentes, os aspectos culturais e as repercussões na prática docente. Tal interrogação se desdobra em outras indagações necessárias ao contexto da pesquisa, como: quais são as representações de professores(as) presentes nas narrativas ribeirinhas? Quem é o(a) professor(a), sua trajetória pessoal e profissional? Como essas questões são vistas sob o olhar de pais, alunos, servidores da escola e pelos próprios professores(as)?

A busca por respostas me faz mergulhar nesse lugar de rios, de mata, de tempos e dinâmicas específicos de sujeitos e identidades, múltiplas, pois as populações das comunidades ribeirinhas do município de Abaetetuba são formadas em sua maioria por paraenses, numa relação em que as posses, principalmente da terra, vão passando de geração em geração. A maioria das pessoas dessas comunidades ribeirinhas é descendente do processo de mestiçagem ocorrido em todo o Brasil e ainda da contribuição trazida pelos nordestinos que chegaram ao Pará durante o processo de ocupação da Amazônia paraense, principalmente atraídos pelo mercado da extração do látex (período da borracha). Assim, as novas famílias vão sendo constituídas a partir da junção desses povos com os nativos da região, principalmente descendentes de índios e dos filhos de ex-escravos, que, em fuga das grandes fazendas, instalaram-se no interior da floresta, em sua maioria à margem dos rios e passaram a formar novas comunidades.

Para os ribeirinhos da Comunidade de Quianduba, o rio é considerado como alicerce que sustenta a vida local. É por ele que a comunicação flui, mantendo-os em estreita relação com o bioma local, interligando relações com outros ribeirinhos(as) que habitam rios vizinhos. Tudo isso graças às terras férteis que ficam às margens desse rio, garantindo a sobrevivência da população que divide seu tempo entre o "tempo do mato"[4] e o "tempo do rio"[5].

Ao mencionar sobre a temporalidade que orienta e perpassa a vivência no cotidiano ribeirinho, também é possível perceber que "Os variados tempos que orientam a produção de seus modos de vida são revelados nas narrativas de moradores de áreas ribeirinhas, e por meio de fragmentos visuais [...]" (CUNHA, 2006, p. 73).

Falar de ribeirinhos significa tratar de uma parte das populações tradicionais que habitam a Amazônia. Mas como tratar dessas populações tão pouco vistas, que durante muito tempo ficaram invisíveis, escondidas "por trás das árvores"? Desse modo, recorro a conceituações que me permitem compreender de fato quem são esses sujeitos. Ao fazer isso, observo que, bem recentemente, o conceito de populações tradicionais vem sendo constantemente

---

[4] Tempo do mato: é tempo da safra do açaí, da manga e do miriti. Produtos extrativistas muito abundantes na comunidade em diferentes épocas do ano.

[5] Tempo do rio: é o período da pesca do camarão, da gapuia, da tapagem de igarapé — práticas ainda muito comuns na Comunidade de Quianduba, mas também é o tempo da subida e da descida das águas no rio, o que dura cerca de seis horas entre a enchente e a vazante.

debatido por pesquisadores de diversas áreas e, por esse motivo, não existe uma única definição universalmente aceita. Porém é recorrente o emprego da autodenominação de *populações rurais* quando se trata de reivindicar direitos sobre a posse da terra e políticas públicas que atendam suas especificidades, respeitem os saberes locais, sua cultura e práticas. Ao fazer uso desse conceito, há um processo de "ocultamento" dessas populações, que não são apenas "rurais", mas em sua(s) identidade(s) carregam a relação com o rio e com a mata. Para o(a) ribeirinho(a) o rio representa a vida que flui e possibilita a (re)produção de suas existências. O rio não é um lugar pitoresco: é lugar de vida, é um lugar onde eles constroem seus modos de existir, nas relações de trabalho, nas relações pessoais e coletivas.

Para me ajudar a pensar sobre uma entre as várias definições atribuídas a essas populações, reporto-me a Diegues (2002) e Cunha e Almeida (2001). Eles apresentam uma identidade dos ribeirinhos como indivíduos que, ao se instalarem às margens dos rios, desenvolvem permanentemente uma estreita relação com o ambiente, caracterizando assim um intenso processo de interação com o rio, a floresta e as demais características que compõem o bioma local. Isso pode ser observado nos diversos aspectos que envolvem o cotidiano dos ribeirinhos, como em relação ao modo com que lidam com a terra, as atitudes diante do rio, a relação com a fauna e a flora que caracterizam a condição sociocultural dessas populações, a maneira como ocupam e habitam as margens dos rios, a utilização dos recursos naturais como forma de garantir a sobrevivência familiar, as atitudes, hábitos, costumes e valores que orientam as relações sociais no contexto das comunidades ribeirinhas.

Pensando sobre isso, Diegues (2002, p. 88) trabalha com o conceito de "comunidades tradicionais", dizendo que essas comunidades:

> [...] estão relacionadas com um tipo de organização econômica e social com reduzida acumulação de capital, não usando força de trabalho assalariado.

> [...] Economicamente, portanto, essas comunidades se baseiam no uso de recursos naturais renováveis [...].

No caso da Comunidade de Quianduba, constato que não há acúmulo de capital, já que os ribeirinhos trabalham para garantir a sobrevivência de suas famílias, em condições insalubres, com uma elevada jornada de trabalho e sem as garantias legais trabalhistas, como pode ser observado na imagem a seguir.

Figura 3 – Olarias – empreendimento industrial no Rio Quianduba

Fonte: arquivo pessoal da autora (2015)

Para Cunha e Almeida (2001, p. 192), as populações tradicionais da Amazônia, dentre as quais, as populações ribeirinhas, são grupos que vêm conquistando, ou

> [...] estão lutando para conquistar (por meios públicos e simbólicos) identidade pública que inclui algumas e não necessariamente todas as seguintes características: uso de técnicas ambientais de baixo impacto; formas equitativas de organização social; presença de instituições com legitimidade para fazer cumprir suas leis; e, por fim, traços culturais que são seletivamente reafirmados e reelaborados.

No caso das populações ribeirinhas do município de Abaetetuba, realmente, o Movimento dos Ribeirinhos e Ribeirinhas
das Ilhas e Várzeas de Abaetetuba (Moriva) vem travando uma luta
desde os anos 2000 junto ao Incra e demais órgãos governamentais e não governamentais, tratando da regularização fundiária
das terras de marinha[6] e, consequentemente, da luta por moradia
digna, por educação de qualidade para os filhos dos ribeirinhos e
pelo reconhecimento dessas populações.

A partir de 2005, os ribeirinhos passam a organizar-se em
associações que os representam legalmente frente à sociedade.
Atualmente o Moriva encontra-se dividido em diversos grupos
de interesses próprios, principalmente políticos, e já não consegue unificar-se na luta pelos direitos desses sujeitos, o que tem
gerado paralisações nos projetos dentro dos assentamentos nas
20 ilhas que estão em processo de reforma agrária, inviabilidade
da aplicação dos recursos, falta de prestação de contas de muitas
associações. E o modelo de política que está em vigor no país, o qual
tem filiação com o agronegócio e o capital internacional, prioriza as
multinacionais, as privatizações, retira direitos dos trabalhadores
e desconsidera as "minorias", marginalizando suas identidades,
silenciando vozes e destruindo lugares e vidas já historicamente
exploradas, expropriadas e colonizadas.

Quanto ao uso sustentável dos recursos naturais, a Comunidade de Quianduba apresenta um sério problema, pois, até
bem pouco tempo, havia muitas olarias (ver Figura 3) instaladas
às margens do rio que se mantinham funcionando em precárias
condições. Um empreendimento industrial que utiliza insumos
retirados diretamente do ecossistema local, barro (argila) e lenha
— os quais são usados na fabricação de telhas. Esse é considerado o ponto dissonante de uma unidade situada dentro de um
assentamento, onde há um Plano de Utilização e Uso da Ilha (PU)
e dos recursos naturais que orienta e disciplina as relações sociais,
culturais e ambientais entre homem e natureza, como é o caso da

---

6   Assim chamadas as terras que ficam situadas na região das Ilhas de Abaetetuba.

Comunidade de Quianduba inclusa no Projeto de Assentamento Agroextrativista (PAE) Nossa Senhora do Perpétuo Socorro, visto que essa atividade representa um elevado grau de degradação do solo. Para retirar a argila (barro) usada na fabricação de telhas e tijolos são cavados buracos — chamados pelos ribeirinhos de valas — à margem dos igarapés e furos. A extração do barro deixa buracos abertos, além de ser necessário retirar as árvores que se encontram no local. O solo fica cheio desses "buracos" e nada mais brota na terra.

Aliadas a esse fator estão as relações de trabalho que ocorrem na informalidade, assim como a ausência de licenciamento para exploração do solo e subsolo, acrescentando ainda que o processo de fabricação das telhas é insalubre, visto que os casos de mutilações nas "marombas"[7] têm vitimado, na localidade, homens, mulheres e crianças. A mão de obra utilizada nas olarias possui uma baixa remuneração, nenhum direito trabalhista e muito menos previdenciário. Em caso de acidente, não há como conseguir benefício previdenciário, uma vez que as olarias funcionam na mais completa ilegalidade e abandono por parte do poder público, que não tem conseguido dar respostas a essa problemática, já que nada foi feito a esse respeito por parte dos governantes. Devido à falta de incentivo e de regularização dessas indústrias, a maioria entrou em decadência e hoje a economia principal dessa comunidade é a comercialização do açaí.

A comunidade de Quianduba possui diversos espaços físicos que lhes confere características bem específicas. Atualmente possui duas escolas mantidas pela rede municipal que atendem desde a educação infantil ao ensino médio, sendo que essa modalidade de ensino é de responsabilidade da rede estadual, mas funciona no prédio escolar da prefeitura municipal, uma vez que não existem escolas (prédios) estaduais nas Ilhas de Abaetetuba. Possui ainda quatro igrejas evangélicas e uma católica, salões de festa, diversos campos de futebol e o rio, principal meio de lazer dos ribeirinhos

---

[7] Máquina utilizada para moer e padronizar a argila que posteriormente se transforma em telha ou tijolo.

dessa comunidade, sendo muito utilizado para as viagens diárias de barco, rabeta ou rabudos que transportam os ribeirinhos e a produção de açaí e manga para a sede do município, assim como para outros municípios do estado e também para a capital do estado.

O rio não é apenas um quadro de vida, mas um lugar no cenário das comunidades ribeirinhas que se mantem como "[...] um espaço vivido, isto é, de experiência sempre renovada, o que permite, ao mesmo tempo, a reavaliação das heranças e a indagação sobre o presente e o futuro" (SANTOS, 2001, p. 114). Assim, os ribeirinhos da Comunidade de Quianduba vão recriando seus espaços e seus sentimentos de pertença, reconstruindo suas identidades junto da terra e com sua própria comunidade. É a partir do rio que eles vão elaborando sua consciência e o sentido de sua existência no mundo, passando a compreender-se como parte integrante de uma comunidade e assumindo-se como cidadão(ã) comprometido(a) com o presente e o futuro desse lugar. Esse rio, ao se constituir como espaço de lazer da comunidade, transforma-se num lócus social, cultural e educativo compartilhado por todos, movendo, criando e recriando a vida cotidiana comunitária.

Entre as características e as peculiaridades da comunidade de Quianduba, destaco a inexistência de saneamento básico como água tratada e esgoto sanitário; o serviço de saúde é precário, já que no pequeno posto de saúde quase sempre faltam medicamentos básicos e de primeiros socorros para atender a numerosa população; a energia elétrica chegou há pouco tempo, mas ainda apresenta problemas na rede de distribuição e os próprios moradores são responsáveis pelos reparos; a presença de "bocas de fumo" já é uma realidade concreta na comunidade, o que tem gerado desestrutura familiar e um ambiente que não condiz com a dinâmica recente do lugar.

Na comunidade de Quianduba, o sistema produtivo é principalmente o extrativismo do açaí, da manga e do miriti, a criação de animais de pequeno porte nos terreiros, o trabalho nas indústrias, destacando-se as olarias e a pesca do camarão. A extração do açaí

(*Euterpe olerácea*) é uma das principais atividades econômicas da comunidade, incluindo a venda do palmito retirado da palmeira, com a safra durando quatro meses (de setembro a dezembro), sendo a rasa de uma lata de 14 quilos a unidade de medida usada na comercialização do produto. Estima-se que a produção familiar, nas áreas de médio porte, seja de mil latas por safra, com os preços variando nesse período de R$ 25 e R$ 50, atingindo R$ 100 na entressafra que vai de janeiro a junho, época em que as famílias que têm áreas de manejo de plantio de açaí conseguem comercializar o produto por um preço mais elevado.

O processo de comercialização do açaí ocorre com os atravessadores[8] — assim denominados na comunidade, atividade da qual muitas famílias sobrevivem. É na feira da cidade de Abaetetuba que o produto pode ser comercializado pelo próprio produtor ou pelo atravessador.

A safra da manga ocorre de outubro a janeiro e sua comercialização é feita na própria comunidade, também pelos atravessadores, que compram o produto e vendem no mercado do Ver-o-Peso, em Belém. É vendido pelo valor de R$ 30 o milheiro da manga comum e R$ 40 o milheiro da manga do tipo bacuri.

A extração do fruto da *mauritia flexuosa*, ou buriti, mas popularmente conhecido como miriti, se dá naturalmente, ou seja, de maneira sustentável, pois os ribeirinhos retiram da floresta somente o fruto maduro caído da árvore, que está pronto para o consumo. Sendo que, na comunidade de Quianduba, a coleta do fruto destina-se apenas para o consumo das famílias, diferente de outras comunidades onde a polpa do fruto é vendida na feira do município. Porém, ultimamente, devido à grande retirada de parte do caule (braço do miriti/bucha) para a confecção dos brinquedos de miriti, principalmente para serem comercializados no período do Círio de Nazaré, em Belém, têm ocorrido uma significativa diminuição na quantidade de árvores (miritizeiros).

---

[8]   São pessoas que moram na própria comunidade, compram a produção no local e vendem diretamente para a indústria de beneficiamento da polpa para exportação, ou ainda comercializam na feira do açaí na cidade de Abaetetuba.

A pesca do camarão é uma atividade rotineira, sendo utilizada somente para o consumo das famílias, mas essa prática tem diminuído bastante a quantidade e o tamanho dessa fonte de alimento, uma vez que o matapi, utilizado na pesca do camarão, está fora das especificações adequadas, levando à captura desse crustáceo cada vez menor e colocando em risco seu desaparecimento dos rios num futuro bem próximo.

A criação de pequenos e médios animais inclui suínos, galinha e pato. É bastante incipiente, ocorrendo de forma extensiva, sendo realizada somente para o consumo das famílias.

O serviço de prevenção à saúde se dá na própria residência do agente de saúde e mediante visitas que os ACSs realizam mensalmente nas famílias. A comunidade conta com um posto de saúde recém-inaugurado, que recebe a visita de um médico, uma vez a cada mês. Não possui saneamento básico, pois constantemente os moradores sofrem com as doenças causadas pela contaminação das águas. A maior parte da água consumida pelas mais de 496 famílias que moram na comunidade vem diretamente do rio, sendo usada ainda na lavagem das roupas, higiene pessoal e como via de transporte das pessoas. Existe um sistema de abastecimento e tratamento de água, do qual muitas famílias utilizam os recursos hídricos no preparo dos alimentos e consumo, mas ter acesso a essa água de boa qualidade requer um trajeto diário das pessoas até o local onde estão instalados os equipamentos que fornecem a água. Por meio do rio gira toda a dinâmica da comunidade. Por ele as crianças vão à escola, à igreja, utilizando-o como fonte de lazer e escoamento da produção local.

O rio é, na maioria dos casos, o único caminho que as crianças que residem nas Ilhas de Abaetetuba percorrem para chegar à escola e muitas delas remam nas suas canoas ou cascos durante algumas horas. Nesse percurso, elas convivem diretamente com outras crianças que também estão a caminho da escola, compartilhando nesse caminho saberes e experiências que estão ligados ao rio, à mata, aos tempos e à própria natureza.

As crianças, os adolescentes e os jovens que frequentam a escola na Comunidade de Quianduba são atendidos pelo serviço de transporte escolar que é realizado por rabetas e/ou barcos motorizados, contratados pelo poder público municipal ou estadual para esse fim.

Nas comunidades ribeirinhas existem diversos furos e igarapés, onde a maré determina a hora de trafegar nas canoas ou outros meios de transportes locais, e também, escoar a produção, a retirada do barro (argila) ou da lenha, pois com a maré baixa é impossível entrar ou sair desses lugares.

Na comunidade de Quianduba, estão presentes diversas manifestações culturais, como as festas em homenagem aos santos católicos — principalmente em homenagem à padroeira local, Nossa Senhora do Perpétuo Socorro — em que uma de suas principais características é a procissão do círio fluvial que percorre os rios vizinhos em romaria com cantos e orações, barcos enfeitados, a batida dos tambores que animam a celebração que muito nos lembra a cultura afro, a devoção aos santos. A religiosidade é um traço significativo no cotidiano da comunidade. Nesse aspecto, a igreja, a partir de suas doutrinas e ensinamentos, assume um papel importante na orientação das relações sociais, o que tem contribuído para a construção de saberes, imaginários e representações que os moradores constroem e reproduzem em suas práticas sociais.

Essas comunidades, como a de Quianduba,

> [...] apresentam traços característicos afins heterogêneos, que desenham suas paisagens identitárias sociais, culturais, políticas, econômicas e ambientais num mapa amplo e complexo, que caracterizam as sociedades rurais amazônicas pela diversidade e multiculturalidade. (OLIVEIRA, 2008, p. 34).

Outra manifestação cultural marcante é a porfia de canoagem tradicional que acontece anualmente envolvendo adultos, jovens e crianças, que utilizam o rio para porfiar a corrida das canoas.

Tendo ainda como expressão cultural de grande relevância local o Cordão da Saracura — o único cordão-de-pássaro existente na região das Ilhas de Abaetetuba, o qual é composto por crianças, adolescentes e jovens ribeirinhos, constituindo-se como uma ferramenta de resistência, resgate e valorização da cultura local.

Como a comunidade está localizada numa região com predominância da área de várzea, as habitações são ao estilo palafitas, feitas de madeira com cobertura de telha (argila), sendo que já existem muitas casas construídas em alvenaria, já que a madeira se tornou cada vez mais escassa na região, elevando os custos da construção de casas. Tem como principal meio de locomoção os cascos e canoas — chamadas de montarias —, barcos, rabetas e rabudos — pequenas embarcações feitas de madeira com um motor que possui um eixo longo, como se fosse um rabo.

4. As narrativas orais como possibilidade para interpretar o cotidiano

A ciência, em sua tarefa de solucionar os problemas da humanidade, preocupa-se com o conhecimento da realidade desde os primórdios da existência humana. Porém, ainda nas primeiras comunidades primitivas, os mitos tentavam explicar os fenômenos que cercavam esta existência, definindo e regulando a vida em sociedade. Até hoje, em muitas comunidades nativas, essa ainda é a maneira de interpretar e produzir a vivência social. Também a religião e a filosofia constituíram-se, em épocas e sociedades distintas, como poderosos instrumentos para explicar estes mesmos significados.

As Ciências Humanas e Sociais surgem no século XIX, num momento em que foram postos em xeque os principais princípios, estruturas, discursos, teorizações que sustentavam e formavam a base de todas as explicações e análises da vida, da natureza, do mundo que estavam na base do paradigma das ciências exatas. Foi aí que a própria ciência entrou em crise. Os critérios de exatidão, rigorosidade e objetividade dos procedimentos metodológicos adotados pelas Ciências Exatas e Naturais já não conseguiam dar contar de interpretar os fenômenos humanos e sociais.

Porém Japiassu (1981, p. 100-101) ressalta que:

> [...] o aparecimento das ciências humanas veio fundar, epistemologicamente, a impossibilidade de um discurso científico ver-se definitivamente protegido contra toda contaminação ideológica. Elas vieram pôr em questão o código ideológico da cultura ocidental: religião/filosofia/ciência/arte [...].

Durante muito tempo, os métodos de análise adotados pelas chamadas Ciências Exatas ou Naturais predominaram como única possibilidade de interpretação de um fato e como único caminho possível para se chegar a uma verdade absoluta. Nas bases desse modelo está o paradigma positivista que tenta explicar os fatos e os fenômenos da realidade a partir da adoção de critérios que priorizam a quantificação, a mensuração, a experimentação e a objetividade das coisas, seguindo uma rigorosidade metódica, situadas numa visão cartesiana das coisas e da própria realidade. Com o aparecimento das Ciências Humanas, inaugura-se um novo tempo em que não existe uma única verdade incontestável, um único método de análise, mas surge a possibilidade de articular os diferentes campos do saber científico na busca de caminhos possíveis e verdades provisórias na construção do conhecimento.

No entanto, é na sociedade moderna que a ciência mantém sua hegemonia no modo como busca interpretar e explicar os fenômenos da realidade, mas, ainda assim, a ciência moderna não consegue dar respostas às mazelas sociais que tanto afetam a sociedade, e consequentemente, a realidade da existência humana.

O paradigma científico moderno se estruturou e se consolidou, tornando-se influentemente decisivo em nossa forma de pensar, de conceber, de se comportar, de se relacionar, *no e com* o mundo. A natureza tornou-se passível e possível de ser dominada e controlada pela ciência. Acreditou-se num progresso ilimitado, a ser alcançado pelo crescimento econômico e tecnológico e, como diriam os positivistas, pela ordem estabelecida na sociedade. O método científico, ora reducionista-mecanicista, era a única abordagem válida para se obter conhecimento.

Em tempos modernos, tal paradigma encontra-se em crise, bem como a sociedade de modo geral, já que não é capaz de atender as demandas apresentadas pelas novas questões que são postas pela educação nos tempos atuais. Surgem, assim, os paradigmas emergentes como novas possibilidades de análises que podem ser férteis para a construção de novos olhares sobre o conhecimento, a ciência e o próprio sujeito, novos conceitos, novas práticas e novos caminhos para fazer pesquisa no campo educacional.

Dentre esses paradigmas, filosofias ou epistemologias emergentes, temos aqueles que adotam abordagens que consideram aspectos sociológicos e culturais na pesquisa em Educação, como a utilização das histórias de vida, das narrativas orais como fontes de investigação do cotidiano e das vivências dos sujeitos. Elas têm funcionado como método de exploração dos modos como os sujeitos produzem e atribuem significados às suas vivências e à própria produção dos seus modos de existir e de produzir os meios para sua existência.

Notadamente nas últimas décadas, a Matemática, a Filosofia da Educação, a História e tantos outros campos do conhecimento têm utilizado as narrativas orais como fonte para suas pesquisas na busca de compreender as dinâmicas que permeiam os mais diversos contextos culturais no qual se movem sujeitos e grupos. E, nesta obra, as narrativas orais conduzem a construção/produção de outros saberes e outras experiências com a pesquisa em Educação.

5. Percursos metodológicos: as narrativas orais como possibilidade para conhecer o outro

Durante muito tempo, tudo que estava relacionado à prática e às vivências dos sujeitos em seu contexto foi menosprezado frente ao pensamento científico defendido pelas Ciências Naturais. Porém, atualmente, percebe-se que muitos pesquisadores e teóricos têm se ocupado das questões que envolvem a prática e principalmente sua articulação com a teoria, especialmente no campo educacional.

Entendida como metodologia de pesquisa, a história oral aponta para a necessidade de cuidados na construção das narrativas a partir de situações de entrevista, em que os rastros, os sinais e as pistas devem ser procurados considerando um terreno não sedimentado, plural e que se move constantemente.

De modo que, nesta obra, as narrativas constituem-se como fonte fundamental para a construção do conhecimento sobre as representações da identidade docente no contexto da Comunidade de Quianduba, requerendo, para isso, a interpretação das significações atribuídas às experiências cotidianas da docência ribeirinha.

Os sujeitos trazem, em suas narrativas, seus autorrelatos, porém constituídos por um discurso embaçado e imerso numa trama em que eles estão imbricados ao longo de suas trajetórias. Segundo Rabelo (2011, p. 172), "A narrativa permite compreender a complexidade das estórias contadas pelos indivíduos sobre os conflitos e dilemas de suas vidas [...]", sendo possível captar a riqueza de detalhes dos significados referentes as vivências e experiências humanas, reconstruindo-as e refletindo sobre o vivido, dando novo significado ao sucedido.

A construção da narrativa constitui-se como uma experiência formadora para Josso (2004), pois permite ao sujeito aprendente questionar suas identidades a partir de recordações que vão surgindo no decorrer dos relatos. A autora acredita que

> A narrativa de um percurso intelectual e de práticas de conhecimento põe em evidência os registros da expressão dos desafios de conhecimento ao longo de uma vida. Esses registros são precisamente os conhecimentos elaborados em função de sensibilidades particulares em um dado período. (JOSSO, 2004, p. 43).

Nesse sentido, as narrativas orais permitem lidar ou trabalhar com um material que tem como matéria-prima as recordações que são trazidas pelos narradores, por meio de experiências que foram significativas para suas aprendizagens ou vivências. E, por isso, tornaram-se como um divisor de águas, marcando alguns períodos de transição em suas vidas, considerando tempos, espaços e lugares onde esses sujeitos foram construindo as representações de si mesmos, bem como de seu ambiente sociocultural.

As narrativas ligam-nos de um modo interpretativo à existência. De algum modo, pensamos da mesma forma como existimos, porque nossas narrativas discorrem sobre nossa existência. Logo, existimos a partir delas, as quais estão ligadas intrinsecamente ao contexto sociocultural dos sujeitos, pois as formas de ver, de representar o outro são filtradas por diferentes lentes, em diferentes tempos, nos mais diversos e diferentes contextos.

As narrativas não são estáticas. Elas são a tradução das experiências vividas pelos sujeitos em seu cotidiano e estão sempre abertas a novas ressignificações e interpretações. Por meio das narrativas orais, podemos perceber elementos importantes presentes nos discursos, termos, simbologias ou até mesmo metáforas que expressam, significativamente, as experiências do vivido e as histórias não contadas e não escritas sobre o "outro", ressignificadas a partir de seu contexto sociocultural.

Em Josso (2004), o trabalho com as narrativas orais passa por quatro fases, em que as primeiras duas se organizam em torno da narrativa oral e as duas últimas, em torno da narrativa escrita. A primeira fase é composta pelo momento de preparação individual dos sujeitos, em que eles irão pensar sobre períodos significativos e momentos marcantes de suas vidas listando as experiências marcantes desses períodos. Em seguida, vem a segunda fase da socialização oral, inspirada a partir das reflexões e preparações suscitadas na fase anterior, da qual emergem as primeiras narrativas. É o trabalho em si de rememorar, de recordar, de lembrar, caracterizando a fase da socialização oral em que os relatos devem ser gravados.

Nesse momento, começa a se definir

> [...] e aparecer um auto-retrato: fragmentos de uma busca de si e da sua projeção, colocando em cena um sujeito que, ainda não se reconheça sempre como tal, age sobre situações, reage a outras, ou ainda, deixa-se levar pelas circunstâncias. (JOSSO, 2004, p. 65).

A terceira fase é a escrita da narrativa, que dura um período maior, entre um e dois meses. Nessa fase, cada participante se recolhe para escrever sobre si. A quarta fase é o momento da análise interpretativa, em que os participantes vão fazer o trabalho de leitura, compreensão e evidenciação do processo de formação dos demais membros do grupo. É o momento de intercâmbio entre os parceiros, no qual cada um lê a escrita da narrativa do outro.

Para Josso (2004), nas narrativas estão inscritas as geografias socioculturais, profissionais, relacionais ou afetivas que apresentam as condições ideais para que a pessoa possa fruir do seu ser-no-mundo. Ao desenrolar os fios da narrativa, a vida apresenta-se como um cenário que vai se moldando, construindo e reconstruído a partir das condições sociais estabelecidas no contexto da produção da existência humana.

Em se tratando da organização e da estrutura do cotidiano, Agnes Heller (2004, p. 17) aponta que

> *A vida cotidiana é a vida do homem inteiro; ou seja, o homem participa na vida cotidiana com todos os aspectos de sua individualidade, de sua personalidade. Nela, colocam-se "em funcionamento" todos os seus sentidos, todas as suas capacidades intelectuais, suas habilidades manipulativas, seus sentimentos, paixões, ideias, ideologias [...].*

De tal maneira que as narrativas possibilitam a cada um de nós observarmos como cada sujeito tece o seu cotidiano, a sua realidade, o caminho da sua existência na relação com uma constante procura de saber-viver, ou melhor, na busca do "ofício de viver", a partir de um contexto e dos modos como estrutura e organiza sua vida, que é sempre a vida do homem inteiro, que se produz num conjunto de relações sociais, de significados e sentidos. Por isso é preciso atentar-se para o fato de que toda narrativa é produzida num determinado contexto cultural.

Narrar é contar uma história, uma trajetória da qual também somos parte e em algum momento fomos ou nos sentimos personagens, autor, ator, leitor e ouvinte. Com as narrativas, somos um e vários, nossas identidades são interpeladas e reveladas na trama do real. As narrativas oferecem em si a possibilidade de análise, se concebermos análise como produção de significados que se inicia quando o autor/ator/leitor/ouvinte de uma narrativa escrita se apropria do texto, de algum modo, tecendo significados que são seus, e constrói uma narrativa que será compartilhada, ouvida/lida/vista por outros, também narradores e construtores de narrativas.

Os caminhos percorridos, as trajetórias tomadas indicam que lidar com a análise de determinado objeto de pesquisa, na perspectiva de uma abordagem qualitativa, impõe ao pesquisador exigências e dificuldades que vão surgindo quando este chega ao campo. Duarte (2002) considera que há um percurso a ser feito. Mas apesar dos riscos e dificuldades que a pesquisa impõe, a abordagem qualitativa tem se revelado num empreendimento necessário e indispensável para as análises de objetos de investigação no campo das Ciências Humanas e Sociais.

Ao buscar investigar sobre as representações de professores(as) na Comunidade de Quianduba, adentro no universo das narrativas orais como "espaço/lugar" privilegiado de percepção da maneira como os sujeitos, em seu cotidiano, articulam-se e vão construindo e transformando suas identidades, sendo representados e apresentados sob diferentes olhares, perspectivas e posições.

Esse momento de exercício da pesquisa requer, além do planejamento das etapas em que ela vai ocorrer, a seleção e a escolha dos instrumentos adequados ao tipo de pesquisa, assim como as técnicas eleitas para a coleta dos dados.

Dada a natureza do estudo realizado e da necessidade de partilhar o cotidiano das vivências e experiências da docência na Comunidade de Quianduba, optei pelo das narrativas orais como metodologia e o grupo focal, entrevista semiestruturada e observação como técnicas escolhidas para recolher os dados.

Ao tratar sobre a entrevista semiestruturada, Triviños (1987, p. 146) menciona que:

> A entrevista semi-estruturada tem como característica questionamentos básicos que são apoiados em teorias e hipóteses que se relacionam ao tema da pesquisa. Os questionamentos dariam frutos a novas hipóteses surgidas a partir das respostas dos informantes. O foco principal seria colocado pelo investigador-entrevistador.

O grupo focal é uma técnica de coleta de dados que contribui significativamente para a recolha de informações, em se tratando de um número maior de sujeitos. Para isso, estruturei encontros com os sujeitos pesquisados em quatro grupos com 10 membros, representantes de quatro categorias distintas. São elas: professores, alunos, pais e servidores de apoio pedagógico. Ao fazermos isso, considero a necessidade, a praticidade e a importância de cada um deles para a coleta das informações necessárias para o estudo do objeto em evidência.

Para Gatti (2005), o grupo focal é uma importante ferramenta porque propicia a exposição mais ampla de ideias de um grupo mais ou menos homogêneo, o que possibilita verificar as representações condutoras das respostas no interior do grupo. Um dos objetivos do uso do grupo focal em pesquisas em Ciências Humanas e Sociais é na obtenção de perspectivas diferentes de uma mesma questão em torno de um objeto investigado. Essa técnica permite a compreensão de ideias compartilhadas por diferentes sujeitos em um mesmo grupo que possui afinidades próximas. A interação do grupo focal possibilita o surgimento de dados afetivos, cognitivos e interativos a partir da realização da entrevista.

Na organização e desenvolvimento do trabalho com grupo focal, alguns aspectos devem ser observados, como: a composição do grupo, o local onde ocorrerão as sessões e registros das interações, o moderador e o desenvolvimento do processo grupal e o moderador e as interações grupais. O mediador deve ser sensível às mais diferentes intercorrências dos diferentes papéis sociais em relação às interações presentes no grupo. Esta se constitui como uma tarefa desafiadora ao mediador uma vez que o próprio é representante de diferentes papeis sociais importantes no grupo: pesquisador, detentor de suposto saber, deve ser uma pessoa aberta e sensível para perceber os outros sujeitos como atores sociais que também representam diversos papéis.

Por se tratar do uso das narrativas orais como principal fonte de informações, selecionei os instrumentos, com os quais obtive os dados em campo: o diário de campo para registros e anotações das observações realizadas no contexto escolar, bem como nos encontros do Grupo Focal. Para o registro das narrativas utilizei o MP5, em que foram gravados os diálogos com os grupos. O registro fotográfico dos momentos vivenciados no decorrer da pesquisa foi feito por uma câmera fotográfica. Além desses instrumentos, utilizei uma ficha contendo informações adicionais sobre os sujeitos pesquisados.

Toda narrativa tem, como participantes em sua constituição, autor/ator/leitor/ouvinte. Aquele que narra o faz sempre em direção ao outro e este outro participa da narração ao mostrar-se interessado.

A concretização da pesquisa iniciou primeiramente com uma visita realizada à Comunidade de Quianduba em janeiro de 2014, em que pude definir os sujeitos da pesquisa. Para a realização dessa tarefa, contei com a colaboração da equipe gestora da Escola Municipal Nossa Senhora do Perpétuo Socorro, que prestou as informações necessárias para o momento.

A seleção dos participantes da pesquisa foi realizada tomando como parâmetro 10 docentes atuantes no ano letivo em curso na escola, 10 pais com filhos matriculados e estudando na instituição,

10 alunos matriculados e frequentando as turmas da educação infantil ao 5º ano do ensino fundamental e 10 servidores de apoio pedagógico atuantes na escola. Todos oriundos e residentes na Comunidade de Quianduba.

Vale destacar que o lócus da atividade foi a Comunidade de Quianduba, mas a partir do cotidiano, das experiências e vivências dos sujeitos envolvidos no contexto educacional da Escola Municipal de Educação Infantil e Ensino Fundamental Nossa Senhora do Perpétuo Socorro. Ressalto ainda que, ao selecionar os sujeitos da pesquisa, foram adotados alguns critérios, como a diversidade de idade entre os alunos, pais e servidores de apoio pedagógico, o gênero, a profissão e a localização das residências de cada sujeito.

Tais considerações sobre o uso das narrativas orais e o grupo focal na organização metodológica da pesquisa me motivaram ainda mais a refletir sobre as representações de professores(as) da Comunidade de Quianduba, considerando a relação entre identidade, cultura e saberes docentes, uma vez que para analisar as representações dessas identidades construídas e veiculadas na oralidade local, foi necessário definir o foco de análise que orientou a investigação, bem como discutir algumas posições e definições de cultura que perpassam os saberes e prática docentes.

Capítulo III

A RELAÇÃO ENTRE IDENTIDADE, CULTURA E SABERES DOCENTES

> *O senhor... Mire e veja que o mais importante e bonito do mundo é isto, que as pessoas não estão sempre iguais, não foram terminadas, mas que elas vão sempre mudando afinam ou desafinam – verdade maior. É o que a vida me ensinou. Isto me alegra, montão.*
> *(Guimarães Rosa)*

Neste capítulo, trago ao palco da vida o debate entre identidade, a cultura e sua relação com os saberes docentes, a partir de uma perspectiva que compreende o imbricar e o entrelaçar dessas categorias à partir de uma metamorfose que se constitui nos mais diversos contextos socioculturais pelos quais nossas identidades, pessoais e profissionais, vão sendo (re)produzidas, moldadas, (re)formuladas e representadas por nós mesmos e pelos outros.

A dinâmica da historicidade humana impõe à contemporaneidade rápidas e profundas mudanças em todos os aspectos que constituem a natureza humana, acentuando-se a multiplicidade de sujeitos e de culturas, o que tem colocado em evidência a necessidade de (re)pensar as concepções de cultura(s), saindo de uma concepção reducionista que privilegia somente as dimensões artísticas e intelectual e passando a uma perspectiva em que a cultura é vista como todo modo de vida que permeia as relações sociais, bem como os modos de ser, estar e existir dos grupos humanos, assim como pensar a identidade humana, terrena, em constantes processos de formação e transformação mediados pelas relações sociais nos mais diversos e plurais contextos culturais.

Nesse sentido, histórica e culturalmente, a sociedade brasileira é o resultado do (des)encontro de uma diversidade de culturas — primeiramente durante a colonização com os indígenas, brancos, negros, e, posteriormente, com a vinda de imigrantes italianos, alemães, japoneses, entre outros que aqui aportaram, alguns fugindo das guerras e dos regimes totalitários que se instauraram na Europa e na Ásia, mas também muitos desses atraídos pelo mercado de trabalho e mão de obra barata, sustentado pelo capitalismo agrícola, pelo latifúndio e pela indústria que, naquele momento, já estava em pleno desenvolvimento no Brasil. Em nome do "desenvolvimento capitalista", diferentes culturas passaram a (sobre)viver no mesmo território. Diferentes modos de vida passaram a compartilhar suas vivências e experiências, interagindo entre "si" e com os "outros".

Dessa trajetória histórica herdamos uma diversidade de culturas, sendo possível reconhecer que os fatores constitutivos de nossas identidades sociais não possuem características estáveis e fixas. Elas são formadas e transformadas pela dialética do real. É no interior das relações sociais que vamos constituindo nosso "ser humano", nossos modos de existir e de compreender a natureza humana. A produção da existência humana se faz a partir do contexto sociocultural no qual mulheres e homens estão mergulhados. É na trama social que vamos constituindo o sentido de nossa existência, enquanto movimento, e compreendendo a própria essência humana.

Em Marx (1989), a própria história é movimento, pois ele a compreende como consequência das ações humanas resultantes das relações sociais que são condicionadas pelas relações de produção, pelo modo de produção capitalista que (re)produz a existência humana. É verdade que Marx não chega a fazer uma análise sobre a cultura, visto que ele trabalha na compreensão dos modos de produção da sociedade capitalista. Porém outros marxistas como Raymond Williams, inspirado na dialética e em categorias do próprio marxismo, conseguem avançar suas análises para compreender a cultura como produção da vida material humana, portanto como construção. É a partir dessa compreensão que analiso a identidade de professores(as) como construção social imbricada numa teia de relações com as diferentes experiências e contextos culturais.

1. A identidade docente enquanto construção social

As identidades culturais — que são aqueles aspectos que surgem do nosso pertencimento à cultura, a um lugar específico, a um grupo, seja do ponto de vista da etnia, da religião, dos aspectos linguísticos — estão continuamente sendo deslocadas, sofrendo rupturas, passando permanentemente por processos de descontinuidades.

Ao abordar sobre a identidade docente, tomo a posição de pensá-la na ótica do atravessamento de diferentes conceitos e concepções, partindo do entendimento de que a identidade começa a se definir a partir da posição social que os sujeitos ocupam nos diferentes grupos sociais em diferentes contextos históricos que (de)marcam suas trajetórias pessoais e profissionais.

Sob esse olhar, constitui-se necessidade premente de pensar a identidade docente a partir das visões, posições e concepções dos alunos, dos pais/mães e dos(as) próprios(as) professores(as), dos modelos identificados nas políticas públicas educacionais, bem como o olhar presente ou ausente sobre a identidade desses profissionais, que vai sendo construída ao longo de suas trajetórias e experiências vividas, tanto no exercício da profissão quanto nas experiências partilhadas em outros contextos de suas vivências, considerando, ainda, o aspecto pessoal envolvido nesse processo.

A reflexão, que aqui se faz necessária, proporciona um pensar a ressignificação de alguns conceitos e papéis assumidos "por dentro" da profissão docente e pelos seus sujeitos, o que até então tem sido feito mais pela tradição pedagógica do que pela tradução dos sentidos, desejos e saberes dos professores.

Para produzir as reflexões necessárias, busco apoio nas análises realizadas por Antônio Ciampa (2001), que trata de duas histórias, dois personagens, sendo um fictício — o Severino — e a outra saída de um trama da vida real — a Severina, oriunda do sertão da Bahia —, ambos saídos do poema de João Cabral de Melo Neto. A partir desses personagens, Ciampa discute a identidade não como algo estático, mas dinâmico, em constante movimento, mutação, em permanente metamorfose, como construção sociocultural.

Ciampa (2001) sustenta seus estudos a partir de uma metodologia de pesquisa com base no materialismo histórico dialético, pois compreende o homem como um ser produzido historicamente, logo, é um ser essencialmente social. Portanto, é produtor e produto das relações sociais e, desse movimento, na tessitura social, a identidade vai se formando e se transformando num processo que o autor chama de metamorfoses.

Nesse aspecto Ciampa (2001)também é tomado como referência por trazer uma discussão interessante sobre os processos de construção das diferentes e diversas identidades quando trabalha com a perspectiva de que a identidade é formada e transformada no interior das relações sociais. Mediante o contexto e as circunstâncias históricas do momento, "[...] a identidade passa a ser também uma questão política, pois ela está imbricada tanto na atividade produtiva de cada indivíduo quanto nas condições sociais e institucionais onde esta atividade ocorre [...]" (CIAMPA, 2001, p. 10). Então, pensar a identidade docente e suas representações nas narrativas ribeirinhas, significa compreendê-la enquanto produção material, em que o trabalho, enquanto categoria e terreno da formação e transformação da identidade, precisa ser tomado como perspectiva de análise, pois o trabalho docente se materializa no cotidiano escolar sob as diversas condições sociais e institucionais. Assim como na análise marxista, considero que o trabalho é uma atividade de autocriação humana na qual o homem se faz e refaz, modificando-se a si mesmo, seu modo de existir e de agir, criando, recriando e possibilitando novas condições materiais e existências para o surgimento de novas identidades.

A identidade enquanto questão política é uma posição assumida por Ciampa (2001), no sentido de possibilitar a reflexão sobre os espaços e possibilidades que nós nos permitimos, tanto para nós quanto para os outros de, sendo nós mesmos, transformar-mo-nos e (re)criarmo-nos. Sua reflexão toma como pressuposto a análise da identidade enquanto um processo dialético, uma vez que ela se realiza na interação social, implicando, necessariamente, uma concepção de identidade que migra no espaço e no tempo histórico.

Somos identificados pelo olhar "alheio" e o outro nos representa sempre em relação ao que não é, imprimindo em nós a sua marca. Esse significado é produzido por meio de processos de diferenciação, tomando como suporte a relação entre aquilo que é e aquilo que não é. Considerando ainda que essa concepção é movida pela operação de poder que está envolvida nessa definição, nos posicionando de diferentes formas, em diferentes lugares, provocando diferentes efeitos nas sociedades ou grupos com os quais convivemos.

No pensamento atual, temos as análises de Stuart Hall (2006, p. 21) que também têm se constituído como referência para pensar a identidade cultural na pós-modernidade, ressaltando que as sociedades da modernidade "tardia" são por si mesmas socie-dades de mudança, caracterizadas por transformações rápidas e constantes. "[...] a identidade muda de acordo como o sujeito é interpelado ou representado, a identificação não é automática, mas pode ser ganhada ou perdida [...]". Para Hall, o sujeito não tem uma identidade fixa, essencial ou permanente, pois ele assume "identidades" em diferentes momentos históricos de acordo com o contexto em que está inserido. O processo de identificação, assim concebido, é carregado de sentidos e significados, constituindo-se num sistema de representação cultural, em que todas as identidades estão localizadas no tempo e no espaço simbólico.

Parece que Hall (2006) acentua e limita os processos de mudan-ças e transformações sociais somente a um tempo histórico: o da "modernidade tardia". Talvez por considerar que essas transformações têm grande relevância para o avanço do conhecimento científico tecnológico dos tempos atuais, principalmente as mudanças trazidas a partir da revolução industrial, ocorrida no último século. É como se todo processo de desenvolvimento da humanidade e dos seus modos de existir, que perpassaram toda a historicidade humana em tempos anteriores, não tivessem contribuído para que as sociedades — desde os tempos mais primitivos, quando o homem descobre a existência do fogo, até a contemporaneidade — passassem por constantes processos de mudanças rápidas e contínuas o que afeta diretamente a constituição das identidades dos sujeitos em seus tempos socio-históricos e culturais.

Apesar de Hall (2006) pensar a identidade numa perspectiva fluída, líquida, volátil e descentrada, é possível encontrar em seu pensar ideias que conseguem dialogar com a posição que aqui defendo, como quando ele enfatiza que nas identidades estão inscritas as "geografias imaginárias", compreendidas como as paisagens, o senso de lugar, de casa/lar e sua localização no tempo/espaço/território. O lugar então assume papel importante e necessário na constituição das identidades, porque, para o autor, ele é sempre específico, concreto conhecido, familiar e delimitado. É um ponto de referência, de práticas sociais específicas que moldam e formam as pessoas com as quais nossas identidades estão estreitamente ligadas.

Nesse momento, é interessante observar que também em Ciampa (2001) verificamos que o movimento feito por seus personagens[9] vai circunscrevendo no imaginário de cada um as "geografias" do lugar, das paisagens, do contexto sociocultural, das vivências e experiências de cada indivíduo com os quais vão interagindo. Assim como o "ser" Severino ou Severina vai sendo narrado por outros sujeitos que atravessam o "eu" de cada um, imprimindo neles as marcas do "outro", mas, a cada nova identidade, outras

---

[9] Severino, lavrador, retirante nordestino, da serra magra e ossuda (Serra da Costela na Paraíba) e Severina, baiana, bicho-do-mato, bicho-humano, vingadora-briguenta, escrava revoltada, filha de ninguém, louca, doente mental, escrava-encostada, inútil, inutilizada, mãe-de-visita, ex-esposa, ex-dona de casa, finalmente virou budista. Ver em *A Estória do Severino e a História da Severina: um ensaio de psicologia social* (CIAMPA, 2001).

mais vão sendo incorporadas, possibilitando-nos compreender a dinâmica das diversas identidades que vão compondo na singularidade do ser uma pluralidade de identificações, de características que fazem habitar no "eu" um "nós". Porque no caso de Severino[10], que inicialmente tenta identificar-se a partir do nome, buscando diferenciar-se de tantos Severinos, segue tentando encontrar algo que represente sua verdadeira identidade. Nesse caminho, ao mesmo tempo, vai se identificando ou diferenciando dos "outros" e também recebe identidades atribuídas por esses "outros" que o veem como um não igual.

Eis um ponto que diferencia a análise de Hall (1999) e Ciampa (2001): nas bases de análise do conceito de identidade, Hall a analisa sob a perspectiva pós-moderna e Ciampa sob as bases do pensamento marxista. Em Ciampa, a identidade se forma e transforma na dialética do real, as situações, vivências e experiências imprimem nos sujeitos suas marcas. Sob a ótica de Hall, o processo de transformação da identidade é muito rápido e a identidade é quase líquida, tem um caráter momentâneo e as experiências e vivências passadas parecem não influenciar muito nas transformações dessas identidades.

Na perspectiva de Stuart Hall (1999), são as sociedades que não possuem um núcleo identitário fixo, pois o autor enfatiza que somos todos caracterizados pela diferença, somos atravessados por diferentes visões, divisões e antagonismos sociais que colocam os sujeitos em diferentes posições, produzindo diferentes e contraditórias identidades. Porém o que Hall não pondera é o fato de que esse movimento, essas transformações, ou o *devir* da identidade, vão se engendrando na e pela cotidianidade das relações sociais. Elas são produtos do sistema de relações que atravessam o existir humano, aqui tomado em todas as suas dimensões afetivas, emocionais, sociais, econômicas, políticas, religiosas e culturais, como postulado nas análises de Ciampa (2001, p. 34), ao dizer que "É o sentido da atividade social que metamorfoseia o real e cada uma

---

[10] Personagem fictício saído do poema de João Cabral de Melo Neto em "Morte e Vida Severina".

das pessoas". Então o contexto de formação das identidades é sempre uma realidade concreta que se move no tempo-espaço. É o resultado das relações socialmente estabelecidas entre os sujeitos.

Sobre a concepção de realidade, busco suspiro em Berger e Luckmann (2002, p. 11), que trazem uma concepção de realidade enquanto construção social. Para esses que abordam a construção do conhecimento e da realidade numa perspectiva sociológica, há uma compreensão de realidade como sendo "[...] uma qualidade pertencente a fenômenos que reconhecemos terem um ser independente de nossa volição [...]". O "conhecimento" "[...] como fenômenos que são reais e possuem características específicas [...]" (LUCKMANN, 2002, p. 11). A realidade existe independentemente da vontade humana e, tanto a realidade quanto o conhecimento, do ponto de vista sociológico, têm relação com o meio social no qual estão inseridos. São construções sociais.

O olhar sociológico do conhecimento parte da concepção de que a realidade é construída socialmente, portanto o conhecimento é fruto da experiência humana num determinado contexto socio-histórico e cultural. Desse modo, a realidade e o conhecimento são construções sociais em que não existe uma verdade, mas verdades e suas validades estão relacionadas a cada contexto social específico em que são produzidas, dependendo ainda do lugar que cada sujeito ocupa na tessitura social, ou seja, do ponto exato do qual parte o enunciado.

Percebe-se em Berger e Luckmann (2002) uma perspectiva dialética na concepção de "conhecimento" e "realidade" enquanto resultado de uma construção socio-histórica da qual todos os homens participam indistintamente. Entretanto de maneira diversa, já que dependem do lugar que ocupam no contexto social e de suas próprias experiências, tal como a realidade apresentada por Severino e a Severina em Ciampa (2001), que em suas trajetórias vão se constituindo enquanto "ser para si" e "para o outro", considerando o contexto sociocultural que marcaram suas vidas. A realidade de ambos é uma construção socio-histórica protagonizada por muitos severinos e severinas que, em suas severinidades, fizeram e fazem parte das experiências concretas, relatadas principalmente por Severina, uma das personagens do poema "Morte e Vida Severina" (MELO NETO, 1974).

Vitor Paro (2001) considera que o homem, por ser um ser histórico, é protagonista da construção de sua própria humanidade; ele se faz sujeito a partir da relação que estabelece com os demais seres humanos. E enquanto seres históricos que são, só existem e só se constroem, socialmente falando, mediante a relação com os outros. Nesse processo de interação, de mergulho no "mundo do outro e do eu", as identidades se encontram, compartilham experiências e mutuamente se formam e transformam no interior das relações sociais.

As identidades em Ciampa (2001) também não são fixas nem estáticas, únicas. O sujeito vai, ao longo de sua trajetória, assumindo diversas e plurais identidades. Mas ao assumir uma nova identidade, não perde totalmente as características anteriores, justamente porque a natureza humana é dotada de uma plasticidade do humano que permite o entrelaçar dessas várias identidades. Por se tratar de uma análise que toma como referência a posição do materialismo histórico dialético, o autor considera que a vida, a liberdade e o trabalho não são dados naturalmente, pois resultam das forças imbuídas nos processos interativos que ocorrem a partir das relações sociais. Daí seu pensar sobre a identidade é um esforço de compreendê-la sempre como negação do que a nega.

Diante desses apontamentos, as representações da identidade docente não podem ser pensadas como um dado adquirido, uma propriedade, um produto, mas como um processo, considerando que essa dinâmica é um lugar de lutas e conflitos, um espaço de construção de maneiras de ser e de estar na profissão, assim como concebe Nóvoa (2000). A maneira como cada um se sente e se diz professor se apropria do sentido da sua história pessoal e profissional. É um processo que se refaz continuamente nos espaços escolares e fora deles, produzindo uma identidade flexível e sensível às continuidades, descontinuidades, mudanças, inovações e rupturas.

Podemos pensar que, nesse sentido, a identidade docente vai se formando e transformando no fazer, nas vivências e nas experiências que a docência requer. E talvez o limite da identidade docente possa estar ancorado no espaço da escola, mais especificamente na sala de aula — parece que a matriz de referência da profissão é a sala de aula, espaço relacional de inúmeros conflitos, vivências e experiências, onde as identidades (tanto docente quanto discente) se interpelam.

Para Pimenta (1999), a identidade docente vai sendo formada tomando como ponto de partida as significações sociais da profissão. Constrói-se, também, pelo significado que cada professor, enquanto ator e autor, confere à atividade docente no seu cotidiano, a partir de seus valores, de seu modo de se situar no mundo, de suas angústias e anseios, do sentido que tem em sua vida de professor.

Mas, para além de pensar a identidade docente somente sob o significado que cada professor(a) atribui ao seu ser/fazer, haveremos de alargar os horizontes para possibilitar outros olhares, de "outros" sujeitos que direta ou indiretamente atravessam a trajetória docente, assim como sugerido por Gomes (2011), a qual menciona que educadores e educandos são sujeitos socioculturais que se encontram em processo de aprendizagem e de conhecimento. São sujeitos "[...] que trazem valores, identidades, emoções, memória, cultura para os complexos processos de construção dos saberes" (GOMES,, 2011, p. 36). Não somos exatamente nada, mas somos, essencialmente, tudo aquilo que nos atravessa, sendo nossas histórias, nossas memórias, as coisas que nos interpelam, as palavras. Somos aquilo que fazem com a gente, aquilo que a gente faz com o que fazem com a gente, afinal somos tantas coisas ao mesmo tempo, somos parte de nós, dos outros e do mundo.

Sob essa perspectiva, Tardif (2002, p. 228) reconhece os professores como sujeitos do conhecimento, ao considerar que possuem, utilizam e produzem saberes que são específicos ao ofício da docência, enfatizando que esses sujeitos ocupam uma posição fundamental e privilegiada no espaço escolar em relação aos demais sujeitos da escola, pois "[...] em seu trabalho cotidiano com os alunos, são eles os principais atores e mediadores da cultura e dos saberes escolares [...]". Por se constituir como mediação, a partir da qual os seres humanos garantem a continuidade de seu caráter histórico, a educação, ao propiciar a apropriação dos instrumentos culturais, torna-se imprescindível ao desenvolvimento humano.

Professores e alunos, ao se encontrarem no espaço de socialização de saberes, que é a sala de aula, estabelecem relações nos processos de ensinar e aprender, que são mediados pela cultura e suas identidades e vão sendo formadas e transformadas continuamente, porque há nesse processo uma operação de poder que envolve o eu — o mesmo — e o outro — a alteridade em que se produzem processos de tradução e negociação.

Nóvoa (1992, p. 25), ao narrar a relação entre os processos formativos e a construção da identidade docente, ressalta que o formar-se "[...] implica um investimento pessoal, um trabalho livre e criativo sobre os percursos e projectos próprios, com vista à construção de uma identidade, que é também uma identidade profissional". Isso quer dizer que se colocar em formação significa: primeiro, envolver-se num movimento contínuo; segundo, compreender que esse processo é parte constituinte de nossa identidade pessoal/coletiva e profissional. O autor enfatiza nessa afirmação a necessidade de pensar o currículo e os processos de formação de professores, considerando que esses sujeitos, enquanto profissionais, são pessoas e como pessoas são profissionais. Essas "identidades" se interpelam num movimento dinâmico e complexo.

A profissão docente também é "[...] um lugar de reflexão sobre as práticas, o que permite vislumbrar uma perspectiva dos professores como profissionais produtores de saber e de saber-fazer" (NÓVOA, 1992, p. 16). É no decorrer do processo de formação de professores que se produz a profissão docente. É um lugar para além da aquisição de técnicas e conhecimento, é um momento de socialização e de configuração desta profissão. A abordagem aponta três dimensões essenciais para a formação do professor: a preparação acadêmica, a preparação profissional e a prática profissional, devendo haver um equilíbrio entre essas dimensões.

Para Juarez Dayrell (2011), o professor é um ser em permanente construção e que possui um acervo vivencial que contribui para a sua constituição enquanto sujeito sociocultural. Este é definido pelo autor como ente dotado de corporeidade, vivências, sociabilidade, linguagens múltiplas, espacialidade, concreticidade, pluralidade, ética e ação, sendo que a distinção entre o sujeito sociocultural e o sujeito sociocultural professor é regida pela relação professor-aluno, pelas marcas da escola na condição de educador e pelo determinante tempo em sua vida. Nesse sentido, sinaliza para a necessidade de admitir tais características ao analisar o(a) professor(a) como ser dotado(a) de vivências e relações sociais que contribuem para sua formação, assim como para a constituição de sua(s) identidade(s) docente(s).

Para Gramsci (1984), a representação do(a) professor(a) é expressa enquanto intelectual orgânico, organizador e mobilizador da ideologia de sua própria classe, comprometido com as mudanças engendradas no interior da escola, mas, ao mesmo tempo, sendo resultado da própria organização da cultura escolar, uma vez que essa relação é mediatizada pelo contexto social, assumindo, na maioria dos casos, o papel apenas de "funcionário", aquele que funciona sob a ordem das normas e regras impostas pela cultura organizacional do cotidiano escolar.

Em Freire (1996), a identidade docente aparece sempre na relação com a identidade dos educandos, sendo que professores e alunos vão constituindo e completando seu "Ser" por meio das interações estabelecidas no processo de ensinar/aprender e aprender/ensinar. O autor considera que a dimensão individual e de classe tanto dos educandos quanto dos educadores é parte constitutiva da identidade cultural, considerando que:

> [...] uma das tarefas mais importantes da prática educativo-crítica é propiciar as condições em que os educandos em suas relações uns com os outros e todos com o professor ou a professora ensaiam a experiência profunda de assumir-se [...]. (FREIRE, 1996, p. 41).

O "Ser" professor e o "Ser" educando vão se formando e transformando no interior das relações sociais engendradas no movimento do processo ensino-aprendizagem. É a partir das vivências e experiências pessoais e coletivas que suas identidades se encontram e se modificam mutuamente. Aqui falamos de identidades compartilhadas, mas que, assim como expresso por Ciampa (2001), mantendo ocultas suas individualidades, suas singularidades e características pessoais.

Anunciar-se e assumir-se como professor, hoje, costuma demandar uma série de justificativas adicionais. A atividade docente é tão pouco prestigiada, que o profissional é considerado "louco" ou "herói". Esses dois personagens guardam consigo a ideia de estar à margem, lutando contra a realidade, fazendo alguma oposição. Simples jogo de palavras?

O professor realmente vive e trabalha em condições adversas — jornada sobrecarregada, grande número de alunos por sala de aula, exigências burocráticas, perda de autonomia etc. — e enfrenta a complexidade da relação pedagógica com os alunos. Essa complexidade nas relações com os alunos representa mais uma evidência de que o papel do professor, do conhecimento e da instituição escolar foi sendo progressivamente banalizado em nome de uma sociedade que valoriza o consumo, o descarte, a aparência, o individualismo, o prazer fugaz.

Por isso, a identidade docente perpassa pelo assumir-se enquanto ser social, histórico, um ser que pensa, comunica, transforma, cria, realiza sonhos, vive conflitos, mas é dotado de sentimentos, de desejos, que, ao se assumir enquanto tal, não exclui o outro, mas afirma a "outredade", que é sempre um não eu, é outro indivíduo que partilha comigo as experiências e vivências cotidianas, e assim ambos constituem e reconstituem suas identidades.

A identidade docente se faz e refaz no contexto da materialidade do trabalho docente. O ser professor constitui-se tanto pelo que lhe é peculiar, o exercício da profissão, quanto pelo que lhe é específico e singular, suas histórias, suas memórias e suas vidas de professores.

2. A representação da identidade em Marx e Ciampa

A estrutura social e o contexto cultural mais amplo oferecem os padrões de identidade; a sociedade capitalista, com seu modelo econômico neoliberal, impõe aos indivíduos o "modelo" ideal de mulher e homem a ser copiado, o modo de vida adequado às necessidades dos homens do século XXI.

Nesse sentido, a representação de uma identidade resulta de um processo de medida, no qual dois objetos são posicionados um em relação ao outro, em que um deles é considerado como padrão para identificar, no caso o modelo de homem/mulher da cultura dominante e o indivíduo real que na concretude de sua vivência vai sendo representado a partir da perspectiva do outro. O significado de representação assume uma posição hierárquica e emite juízos valorativos que marcam a diferença e estabelecem uma relação de competitividade entre o que está sendo representado, estabelecendo uma relação de superioridade/inferioridade.

Marx (1998, p. 19), ao pensar sobre a representação, defende que é preciso partir "[...] dos homens em sua atividade real, é a partir de seu processo de vida real que representamos também o desenvolvimento dos reflexos e das repercussões ideológicas desse processo vital [...]". Por isso, ao considerar a história como movimento consequente das próprias ações humanas, Marx afirma que são os próprios homens que produzem suas representações, suas ideias, porém condicionados por determinações sociais que estão envolvidas no desenvolvimento das forças produtivas e das próprias relações que delas correspondem.

Em Ciampa (2001), a identidade é vista como representação que é dada, atribuída, por isso ela é produto. Entretanto ela também é concebida enquanto produção. A identidade docente enquanto representação é produto, mas também é produzida ao longo de sua trajetória. É por meio desse trabalho que a identidade se representa e é representada.

O ato de representar implica compreender o sujeito a partir de elementos biológicos, psicológicos, sociais, culturais e tantos outros que o caracterizam, mas conjugado com a representação desse indivíduo tanto no contexto das relações sociais quanto o contexto familiar. Nesse sentido, um exemplo mencionado por Ciampa (2001) ilustra muito bem esse processo.

> [...] *antes de nascer, o nascituro já é representado como filho de alguém e essa representação prévia o constitui efetivamente, objetivamente, como filho, membro de uma determinada família, personagem (preparada para um ator esperado) que entra na história familiar às vezes até mesmo antes da concepção do ator. Posteriormente, essa representação é interiorizada pelo indivíduo, de tal forma que seu processo interno de representação é incorporado na sua objetividade social, como filho daquela família.* (CIAMPA 2001, p. 161).

Porém, não basta apenas uma representação prévia da identidade. Essa confirmação se concretizará à medida que as relações em que esse filho estiver envolvido confirmem essa representação. Ou seja, é no cotidiano das relações sociais estabelecidas no seio familiar que o "Ser" filho se constitui, sendo que a representação dessa identidade, de um lado, é consequência, e de outro, é condição dessas relações.

Assim, a representação da identidade docente se faz tanto pelas características inerentes à profissão quanto pelo cotidiano das práticas educativas constituídas pelo contexto sociocultural da escola — o contexto da materialidade do trabalho docente. Ao pensar a identidade docente, de imediato, remeto-me ao espaço em que esta profissão se materializa, aos instrumentos específicos deste trabalho, ao papel que o "Ser" docente assume, as posturas, as atitudes, enfim, já existem em nossas memórias uma representação formada sobre a figura do professor(a). Ressalto, porém, que há uma trajetória, portanto, uma historicidade que deve ser considerada no processo de construção da identidade docente. Ela não é dada e acabada. Essa identidade se representa e é representada continuamente, pois tanto enquanto ser humano que é, como profissional, o(a) professor(a) inevitavelmente se transforma. Ele/ela é marcado(a) pelas marcas de seu tempo, pela simbologia cultural, pelo lugar onde vive e trabalha, por suas histórias, desejos e sentimentos, por tudo que atravessa o seu "Ser" pessoal/coletivo e profissional.

A partir do trabalho docente, é viabilizada a produção dos meios que permitem satisfazer as necessidades profissionais e pessoais do(a) professor(a), uma vez que é por meio do fazer docente que os indivíduos produzem seus meios de existência e consequentemente a própria vida material. Desse modo, a maneira como cada um produz e manifesta sua vida reflete muito o que esses indivíduos são. Assim, o que eles são coincide tanto com o que eles produzem quanto com a maneira como produzem. Isso significa que o que somos, a representação de nossa identidade, depende, portanto, das condições materiais de nossa produção.

Em Marx (1998), o trabalho também é uma forma de "manifestação de si". O autor narra a identidade humana pelas suas características e pelas condições nas quais se realiza enquanto laço que une as forças produtivas e a própria existência humana:

> [...] hoje, manifestação de si e produção da vida material são de tal modo separadas que a vida material aparece como a finalidade, e a produção da vida material, isto é, o trabalho, como sendo o meio (sendo agora esse trabalho a única forma possível, mas, como vemos, negativa, da manifestação de si). (MARX, 1998, p. 82).

Para entender a identidade, é preciso compreender seu processo de produção e representação. É imprescindível pensar a identidade considerando as especificidades do trabalho docente, que se constitui também como "manifestação de si". De acordo com Ciampa (2001, p. 164, grifos do autor), "[...] se *sou* professor, é porque me *tornei* professor; daí dizemos: *como sou professor*, então dou aulas, embora o correto deva ser: *como dou aulas*, então continuo professor [...]". A identidade docente é dada colocando o "Ser" numa posição, a de professor, e é justificada pelo desempenho do exercício docente, o de "dar aulas".

Sob esse aspecto, parece que não basta falar de identidade, mas de identidades de professores, posto que a construção destas está ligada ao fazer da prática docente e talvez seu limite esteja ancorado no espaço escolar, mais especificamente na sala de aula — espaço privilegiado que é referência da profissão docente, onde se inscrevem e se manifestam as identidades tanto do professor quanto do aluno.

Ciampa (2001) lembra-nos que, em cada momento de nossa existência, manifestamos ao outro parte de nós, embora enquanto seres possuímos uma totalidade, que em determinados momentos e de acordo com as circunstâncias se expressa como desdobramento das múltiplas determinações a que estamos sujeitos. Isso quer dizer que o contexto cultural e as situações da vida cotidiana influenciam na "manifestação de si". Ora, ao retomar o personagem do autor anteriormente mencionado, constato que a cada tempo, lugar e situações que envolviam diferentes sujeitos, o Severino passa a ser representado por diversos papéis e em diferentes posições, manifestando parte de suas identidades. Quando Severino sai de sua terra, que recebe a identificação de Serra Magra e Ossuda — Serra da Costela — nos limites da Paraíba, ele é representado como o Severino da Maria do Zacarias, que sai em busca de melhores condições de vida. Em sua trajetória de Severino, vai encontrando com outros personagens que também possuem suas outras identidades ali representadas.

> Mas isso ainda diz pouco:
> se ao menos mais cinco havia
> com nome de Severino
> filho de tantas Marias
> mulheres de outros tantos,
> já finados, Zacarias,

vivendo na mesma serra
magra e ossuda em que eu vivia [...]. (CIAMPA,
2001, p. 21).

Em terra alheia, Severino passa a ser representado pelos "outros" como o Severino retirante, antes em sua terra era Severino lavrador, mas que pela falta de condições para viver dignamente é forçado a retirar-se de seu chão, do lugar que durante muito tempo guardou suas histórias e memórias e uma estreita relação de identificação. Nesse sentido, as condições a que Severino vê-se submetido o forçam a assumir outras severinidades — aqui concebidas como as diversas identidades com as quais ele se representa e é representado de acordo com os contextos socioculturais que perpassam sua trajetória.

A representação da identidade está estritamente ligada às condições de existência do indivíduo em todas as suas dimensões: sociais, econômicas, afetivas, psicológicas, culturais e políticas. Eis, portanto, a urgência de pensar a representação da identidade docente a partir das narrativas ribeirinhas como forma de compreender, a partir dos próprios sujeitos que produzem sua existência material, a formação dessas identidades que, afirmo, estão relacionadas aos saberes e fazeres docentes, na relação entre professor e aluno, com o espaço concreto e imaginário da escola, com as especificidades do contexto cultural da comunidade de Quianduba. Mas, principalmente, perceber a maneira como os "outros" sujeitos representam a identidade docente, que dadas as condições históricas e sociais de cada momento, passa por processos de formação e transformação continuamente. Esse movimento da identidade apresenta um caráter dialético que permite desvelar sua metamorfose.

O tempo é fator pertinente a esse processo em que cada indivíduo, ao encarnar a dinâmica das relações sociais, vai configurando uma identidade pessoal e profissional. Essas identidades representam um projeto de vida que se coloca no emaranhado das relações sociais. As identidades constituem a sociedade assim como, e ao mesmo tempo, são constituídas por ela. Nossas identidades formam a sociedade assim como a sociedade forma nossa identidade, circunscrevendo-as e situando-as nos espaços e no tempo.

Ciampa (2001) enfatiza que a primeira forma de representar uma identidade é o nome, que tem a função de definir um ser. Com ele somos identificados e nos identificamos, mas inicialmente somos chamados, ou seja, somos representados pelos "outros", somente mais tarde é que nos reconhecemos como somos chamados, pelo nome que nos é dado. Ele diz que "O nome é mais que um rótulo ou etiqueta: serve como uma espécie de sineta ou chancela, que confirma e autentica nossa identidade. É o símbolo de nós mesmos" (CIAMPA, 2001, p. 131). O nome constitui parte da representação da identidade, por si só ele não é a nossa identidade; ele carrega valores, percepções, assim como a narração de nós mesmos, marcando-nos como uma espécie de impressão digital. Interiorizamos essa representação de tal modo que se torna nosso. Somos predicados de nós mesmos a partir da representação que os "outros" fazem de nós.

A representação pode ocorrer de diversas formas, assim como o Severino, que foi se apresentando e representando, além de seu nome, foi elencando sua árvore genealógica, dizendo de sua filiação, depois falou do lugar de onde veio, ou seja da territorialidade de sua identidade, que como já foi mencionado, o lugar marca nossa identidade com sua geografia, suas histórias, sua dinâmica e todas as características que o constituem.

Do ponto de vista vigotskiano, à medida que o indivíduo vai se apropriando dos símbolos, ele vai construindo sua individualidade, apropriando-se da significação e dos sentidos que lhes são atribuídos. Considerando a posição do materialismo cultural de Raymond Williams, o homem constitui-se enquanto ser social a partir das relações sociais que estabelece mediados pela cultura. A cultura produz as identidades, mas ao mesmo tempo é resultado desse processo, "[...] a natureza do homem realiza-se somente na cultura que o acolhe [...]" (LE BRETON, 2009, p. 16). Assim, o modo como nossa identidade é representada depende do contexto cultural de quem nos representa e do próprio indivíduo.

A linguagem também assume papel importante na representação da identidade. Somos representados por um ato de linguagem que narra o "ser", ou melhor, o "estar sendo", uma vez que não é uma identidade fixa e imutável. A representação da identidade constitui-se enquanto fala do "outro" que, incessantemente, nos interpela e nos revela, ao ponto de que essas identidades vão aparecendo como articulação de vários personagens que vão dando a conhecer o "eu" ao "outro" e vice-versa. Assim como as identidades dos personagens de Ciampa (2001) — o Severino e a Severina — que se materializam pela sua atividade e consciência, por isso ele entende identidade também como atividade, como dialética, a de representar.

No entanto, pensar na atividade de representação da identidade requer considerar a estrutura social e o momento histórico. Vivemos numa sociedade capitalista, competitiva, em que a tecnologia faz parte do cotidiano das pessoas influenciando seus modos de vida. Disso subentende-se que no capitalismo o sujeito é o "capital", o operário e o capitalista são suportes desse capital, do ponto de vista do suporte financeiro, inclusive enquanto força de trabalho. É nesse contexto que o homem se torna predicado de si, como no exemplo de Severina, que desempenhava vários papéis, mas sempre predicados na sua identidade de doente mental, vingadora-briguenta, bicho do mato, entre tantas outras.

A atividade de representação em Ciampa (2001, p. 179) traduz-se por:

1.º representar — quando compareço como o representante de mim;

2.º representar — quando desempenho papéis decorrentes de minhas posições; e

3.º representar — quando reponho no presente o que tenho sido, quando reitero a apresentação de mim.

A riqueza humana reside no fato de que o ser humano está sempre aberto às possibilidades, porque possui uma plasticidade na construção da identidade que se faz sempre inacabada e nesse movimento de busca pela sua completude/incompleta vai se (trans) formando na relação com os "outros", que são um "não eu", são os diferentes iguais assim como eu.

3. Identidade e diferença: caminhos indissociáveis

Assim, identidade e diferença são interdependentes e inseparáveis; são criadas por meio de atos de linguagem. É pela fala, pela oralidade que a identidade e a diferença são instituídas enquanto criações sociais e culturais. Contudo tanto a identidade quanto a diferença são indeterminadas, assim como a linguagem que as narra. Elas estão, portanto, estreitamente relacionadas e conectadas com as relações de poder que definem e marcam a identidade e a diferença no contexto sociocultural.

A identidade se constitui pela cultura, pelo contexto em que está circunscrita. É sob esse prisma que olho a cultura partindo da concepção de Raymond Williams que, no dizer de Cevasco (2001), rompe com o conceito universalista e estruturalista, considerando a perspectiva de que existem culturas diversificadas, pois é pela cultura que os indivíduos se identificam, ela carrega valores e se constitui enquanto instrumento de dominação, por isso ela também é um espaço de poder. A cultura na qual nascemos constitui-se em uma das principais fontes de construção da identidade, o lugar de pertença circunscreve suas marcas, impregna suas digitais em nossa(s) identidade(s), carimba nossas histórias, memórias e trajetórias, por onde quer que nossos caminho nos levem — mesmo que seja na condição de habitante de uma "Serra magra e ossuda"[11] — como a terra de Severino, carregamos tudo que vivemos, tudo o que somos e as possibilidades do que poderemos ser, pois a vida

---

[11] Condição de subalternizados, habitantes de uma sociedade periférica, herdeira de um processo de colonização da vida.

humana é uma vida de homem/mulher, inteiros, e sua produção é marcada pelos aspectos culturais dos tempos, lugares/espaços em que vivemos.

Na concepção de Laraia (1985, p. 46), "[...] o homem é resultado do meio cultural em que foi socializado. Ele é um herdeiro de um longo processo acumulativo que reflete o conhecimento e a experiência adquirida pelas numerosas gerações que o antecederam [...]".

A identidade, então, define-se sempre em relação ao que não somos, porque essa concepção é movida pela operação de poder que está envolvida nessa definição nos posicionando de diferentes formas, em diferentes lugares, provocando diferentes efeitos nas sociedades ou grupos com os quais convivemos.

Nesse aspecto, a identidade se define sempre em relação à "diferença", pois, "[...] entre a identidade (o eu, mesmo) e a alteridade (o outro, o diferente) se produzem processos de tradução e de negociação cujos enunciados não são redutíveis ao *mesmo* ou ao *diferente*. [...]" (FLEURI, 2003, p. 117, grifos do autor). A identidade é constituída sempre em relação com a diferença, ocorrendo tanto por meio de sistemas simbólicos de representação como por intermédio das formas de exclusão social.

Os fatores constitutivos de nossas identidades socioculturais estão, constantemente, em processos de descentramento, o núcleo de nossa identidade não é fixo nem estável, a identidade vai sendo construída e constituída pela cultura, a partir das relações sociais que os sujeitos estabelecem entre si e com o contexto do qual fazem parte.

Somos resultado de tudo o que nos atravessa, de nossas histórias individuais e coletivas, de nossas trajetórias, de nossas memórias. Somos aquilo que dizem de nós, mas também somos aquilo que fazemos com o que dizem de nós. Certamente, possuímos diversas identidades que, dependendo do contexto socio-histórico, político, econômico, cultural e ambiental, emergem e nos fazem assumir diferentes posições atribuindo significados específicos de acordo com as relações sociais e os momentos históricos em que estas estão contextualizadas. "Assim, a identidade é definida historicamente, é formada e transformada continuamente em relação às formas pelas quais somos representados ou interpelados nos sistemas culturais que nos rodeiam [...]" (FLEURI, 2003, p. 56).

Nesse sentido, a identidade não é o oposto da diferença, mas depende da diferença para se constituir. Porém, identidade e diferença não podem ser compreendidas fora do contexto dos sistemas de significação nos quais adquirem sentido. Desse modo, o significado é produzido por meio de processos de diferenciação, tomando como suporte a relação entre aquilo que é e aquilo que não é.

Identidade e diferença são interdependentes e inseparáveis, são criadas por meio de atos de linguagem. É pela fala, pela oralidade que a identidade e a diferença são instituídas enquanto criações sociais e culturais. Contudo, tanto a identidade quanto a diferença são indeterminadas assim como a linguagem que as narra, elas estão, portanto, estreitamente relacionadas e conectadas com as relações de poder que definem e marcam a identidade e a diferença no contexto sociocultural.

Retomando Ciampa (2001, p. 24, grifos do autor), vemos no movimento que Severino faz nos contextos pelos quais passa que há sempre uma tentativa de buscar uma representação da diferença entre o "eu" Severino e os outros, quando destaca:

> Deve então renunciar a se identificar a não ser coletivamente, como um representante de uma categoria, como membro de um conjunto? Ver na severinidade a expressão, a manifestação de uma natureza severina, de um tempo severino? Desistir de buscar também o que o diferencia e se contentar em se identificar pela igualdade (ou melhor pela equivalência) com outros semelhantes que, então, precisam permanecer idênticos a si mesmos, como ele mesmo também idêntico sempre, como dois termos de uma igualdade que subsiste enquanto seus termos permanecem iguais? Manutenção do *status quo*, reprodução da mesmice [...].

A identidade de Severino vai sendo revelada pela personificação de sua história, porque não se trata de alguém que é apenas afetado pelas condições socio-históricas determinantes de seu ser. O tempo severino é vivido cotidianamente, sendo estruturado na luta pela sobrevivência. A cotidianidade severina o produz e reproduz sempre em um Severino, pois a cada novo esforço para descrever sua identidade revela que sua existência expressa a encarnação de uma História, aqui escrita com "H" maiúsculo porque quer denotar o próprio sujeito, fazendo assim com que seu tempo seja sempre um tempo severino.

4. Cultura: visões e posições entre pontos e contrapontos conceituais

Há o entendimento de que, ao fazer referência à cultura, estou falando de toda a humanidade, mas, ao mesmo tempo, entendendo-a como a diversidade de cada um dos povos, considerando que cada realidade cultural tem sua lógica interna que dá sentido às práticas, aos costumes, às concepções e às transformações pelas quais passam. Por isso, é preciso considerar cada cultura, mas associada às relações com outras culturas, dentro de um contexto de interação e dinamicidade.

De acordo com Santos (2003, p. 12), "[...] cada cultura é o resultado de uma história particular, e isso inclui também suas relações com outras culturas, as quais podem ter características bem diferentes [...]". Então, é possível pensar, inicialmente, num primeiro conceito de cultura, estando este relacionado com tudo aquilo que caracteriza um povo.

Nota-se que quando o homem promove mudanças no meio onde vive, a partir de seu comportamento, essas transformações incidem sobre seu agir e modo de ser e estar no mundo. Foi assim que, ao longo dos tempos, homens e mulheres foram (re)inventando e adaptando-se às novas formas de sobrevivência, às condições climáticas, aos desafios impostos pela natureza, e desenvolveram mecanismos que lhes possibilitaram a ocupação de territórios nos mais distintos lugares do planeta terra. O resultado dessa ação foi caracterizando, demarcando territórios e povos, atribuindo-lhes singularidades e especificidades na maneira de ser, estar e agir, *no* e *sobre* o mundo.

Santos (2003) argumenta que não é possível hierarquizar diferentes culturas, já que, para isso, teríamos que subjugar uma utilizando critérios de outra. Mas a história tem mostrado a predominância de uma visão cultural eurocêntrica e etnocêntrica baseada nos princípios de verticalização, numa relação daquilo que é considerado "superior" em detrimento do que é "inferior". Essa foi e continua sendo a concepção e a prática empregada pelo colonialismo e neocolonialismo europeu. Isso pode ser mais bem entendido a partir das ponderações de Laraia (1985), quando destaca que o homem vê o mundo a partir da ótica de sua cultura, tendo como consequência a propensão em acreditar que o seu modo de vida é o correto, único e verdadeiro, e o modelo ideal a ser seguido, tal tendência é denominada de etnocentrismo. "[...] verifica-se assim que a observação de culturas alheias se faz segundo pontos de vista definidos pela cultura do observador, que os critérios que se usa para classificar uma cultura são também culturais [...]" (SANTOS, 2003, p. 16). Desse modo, os valores presentes na cultura do observador também influenciam na análise que este faz de outras culturas, porque seu olhar utiliza, como parâmetro de comparação, elementos e valores de sua própria cultura.

Há poucas décadas, o conhecimento sobre cultura passou a se preocupar em compreender tanto as novas sociedades industriais emergentes quanto aquelas que foram desaparecendo ou perdendo suas características originais em virtude dos contatos promovidos pelo colonialismo europeu, modelo de cultura imposto aos demais povos, considerados sempre como pertencentes a uma cultura inferior.

Considerando que cultura não é algo estanque, parado, ao contrário, "[...] as culturas humanas são dinâmicas [...]" (SANTOS, 2003, p. 26), o estudo dela é importante porque contribui para o entendimento dos processos de transformação pelos quais passam as sociedades contemporâneas.

Antes de quaisquer outras ponderações, faz-se necessário discutir e apontar alguns conceitos que, historicamente, permeiam o debate sobre cultura. Originalmente e etimologicamente falando, a palavra cultura vem do latim *"colere"*, que significa "cultivar". Os romanos ampliaram esse significado e passaram a empregá-lo no sentido de refinamento pessoal, sofisticação, educação elaborada.

Já no século 19, cultura adquiriu um significado moderno, devido a intensificação do domínio das nações europeias frente a outros povos. Todavia "[...] a consolidação dos debates sobre cultura esteve associada: à vinculação com as novas preocupações de conhecimento científico do século XIX [...]" (SANTOS, 2003, p. 30).

Partindo dessas colocações, constata-se que a ciência moderna serviu, e tem servido, aos interesses da cultura europeia, uma vez que essas potências se encontravam em pleno processo de expansão econômica e política, incorporando a seus interesses nações e territórios em outros continentes e submetendo essas populações a seus (des)mandos políticos e controle militar. É nesse contexto que a própria ciência encontra nascedouro fértil na ambição imperialista europeia, e chega ao mundo numa urgência em fazer conhecer e entender as culturas alheias para assim melhor dominá-las e subjugá-las.

Esse contexto permitiu unir o "útil" ao "agradável", ou seja, o imperialismo europeu obteve, por intermédio do domínio dos conhecimentos da ciência moderna, o cenário ideal para alcançar os objetivos capitalistas de expansão de seu domínio, que usaram os "benefícios" do conhecimento científico para observar, compreender e dominar as culturas alheias. Dessa forma, a ciência moderna afirma seu estatuto epistemológico, como fonte única, verdadeira e objetiva do conhecimento, reforçado pelo patrocínio do mercantilismo europeu, alimentada pelos ideais da colonização das sociedades civilizadas que lhes forneciam campo de observação, possibilitavam acesso a material para estudo e financiavam as pesquisas.

Sob esse aspecto, o conhecimento legitimou e encobriu a dominação política e econômica ocidental, impondo aos povos sob seu domínio suas próprias concepções culturais e apregoando a naturalidade de uma visão de evolução linear das sociedades, segundo a qual todas as sociedades passariam por etapas evolutivas de desenvolvimento, indo desde o estágio de selvageria e barbárie até atingir o ápice do estágio de civilização — aos moldes da cultura eurocentrada — no qual se encontravam as sociedades europeias. Sendo assim, essa concepção permitiu considerar a "superioridade" da cultura europeia.

No panorama cultural brasileiro do século 19 até meados do século 20, o conhecimento científico também buscou pensar e propor caminhos para a construção de uma identidade nacional, em que naquele momento era preciso teorizar e explicar a situação racial do país, mas também tentar dar uma identidade única para a população brasileira, o que para a elite intelectual da época se configurava como uma problemática por causa da diversidade de povos que aqui se encontravam. Na verdade, a preocupação não era com os brancos, considerados membros de uma cultura civilizada, o entrave, ou o "cisco no olho", eram os negros, visto que todas as preocupações da elite estavam apoiadas nas teorias racistas dos iluministas da época. A condição de ex-escravos soava como uma influência negativa e impossibilitava o processo de construção de uma identidade nacional brasileira.

No pensamento intelectual brasileiro, a pluralidade ou a diversidade racial e cultural, filhas do processo de colonização, representava uma verdadeira ameaça e constituía-se num grande obstáculo no caminho da construção de uma nação que se pensava branca. É preciso frisar que o nó górdio da questão, no contexto do debate intelectual da época, era saber como unificar essa coletividade de cidadãos, essa pluralidade de raças, culturas e valores tão diferentes numa só nação e num só povo, considerando que para a maioria desses intelectuais as culturas não brancas eram inferiorizadas.

Com base nos estudos de Santos (2003), basicamente predomina na sociedade atual duas concepções de cultura bem distintas. A primeira refere-se à cultura como sendo tudo aquilo que diz respeito aos aspectos de uma realidade social e que caracteriza a existência social de um povo, portanto apontando para uma perspectiva materialista de cultura. A segunda concepção refere-se à cultura como conhecimento, ideias e crenças de um povo e está associada à relação com erudição e refinamento pessoal.

Considera-se, atualmente, que é do relacionamento entre essas duas concepções que se origina uma nova maneira de entender cultura, portanto: "[...] cultura é a dimensão da sociedade que inclui todo o conhecimento num sentido ampliado e todas as maneiras que esse conhecimento é expresso [...]" (SANTOS, 2003, p. 50). Nesse sentido, cultura constitui-se numa dimensão dinâmica, criadora, em processo de (re)construção nas sociedades contemporâneas.

4.1 A cultura enquanto produção material

Durante muito tempo, a cultura foi pensada como única e universal, havendo, portanto, uma epistemologia monocultural, um modelo dominante de cultura, que considerava um padrão único de sociedade e de indivíduos, como visto anteriormente. Porém a partir das análises de Raymond Williams (1969) que tratam da cultura e sociedade, é que a literatura sobre o pensamento cultural ganha novos elementos.

A experiência de vida de Raymond Williams[12] ao lado do pai no sindicato, como pesquisador, e pela análise que ele fez entre o espaço urbano e rural na sociedade inglesa, permitiu-lhe buscar outras leituras por dentro do marxismo, fazendo surgir um novo conceito de cultura enquanto materialismo, em que a cultura seria resultante de um processo historicamente construído.

---

[12] Neto de agricultores, filho de trabalhador ferroviário, nasceu em uma comunidade rural na fronteira entre o País de Gales e a Inglaterra. Por meio de um programa de bolsas de estudos, tornou-se aluno e, mais tarde, professor em Cambridge, tornando-se um acadêmico, crítico e novelista galês. Escrevendo sobre política, literatura e cultura de massas, utilizando o pensamento marxista para suas análises. Militante engajado do movimento intelectual britânico denominado *New Left*, o qual ajudou a fundar, membro do Partido Comunista, foi uma figura influente dentro da nova esquerda britânica e na teoria cultural em geral.

Raymond Williams, durante toda sua vida de dedicados esforços teóricos, constrói um importante legado para os estudos sobre cultura, desenvolvendo um trabalho voltado para as complexas e profundas reflexões sobre questões teórico-práticas no que concerne ao conceito de cultura. Considera condição central para modernidade pensar o espaço cultural como local dos "significados e valores" que orientam e movem todos os aspectos inclusos na vida humana. É um pensador da teoria, mas, acima de tudo, defende uma posição política democrático-socialista que acredita na possibilidade da transformação social.

Partindo dessa posição, Williams (2011) rompe com o conceito universalista e estruturalista de cultura, considerando a perspectiva de que existem culturas diversificadas, pois é pela cultura que os indivíduos se identificam. Ela carrega valores e se constitui enquanto instrumento de dominação, por isso ela também é um espaço de poder.

Nessa perspectiva, a cultura é um produto da linguagem que produz e reproduz a realidade, por isso mesmo ela própria é produto de práticas sociais, constituindo-se como instrumento de dominação, daí que Cevasco (2001, p. 128) destaca a importância do pensamento de Willians quando trata da:

> [...] necessidade de se estudar a cultura como produção material, a percepção de que o debate sobre a cultura longe de se dar no mundo fantasmático do espírito articula de forma concreta o movimento da totalidade social. Se este é o caso, a cultura é um espaço relevante de luta [...].

Para Cevasco (2001), a posição materialista de cultura muda não só a maneira de se olhar o objeto como também a forma como se olha, já que no materialismo cultural o foco não são os produtos culturais, mas as condições materiais em que se concretizam as práticas sociais.

Partindo desse pressuposto, o conceito universalista e estruturalista de cultura passa a ser desconstruído e emerge um conceito mais plural e político, ou seja, temos uma multiplicidade de "culturas" que se interrelacionam.

Nesse sentido, a cultura na qual nascemos constitui-se em uma das principais fontes de construção da identidade. Essa construção é formada e transformada no interior da representação que se estabelece no contexto das relações sociais.

A cultura é viva, é dinâmica e constitui parte da vivência e da experiência humana, e como mulheres e homens somos incompletos e inacabados. É a partir do meio cultural com o qual estabelecemos uma relação de pertencimento que vamos, permanentemente, construindo e reconstruindo nossa identidade a partir de processos de negociação.

Raymond Williams (2011) defende a posição de que, assim como outras denominações, a cultura é resultado de um processo histórico em que está envolvida a disputa de poder, ao que chamou de "materialismo cultural", pois para ele a cultura é produzida material e socialmente. Desse modo, saindo de uma posição marxista muito presente em sua época, assume uma postura crítica frente a análise que realiza sobre a cultura.

Numa perspectiva histórica, Williams faz um desvelamento do desenvolvimento e/ou evolução do conceito de cultura e, assim, estuda esse conceito relacionando-o às transformações históricas ocorridas na sociedade[13] proporcionadas pelas mudanças na indústria, na democracia, nas classes sociais e consequentemente nas produções culturais, como a arte, a literatura, a chamada "cultura de massa" e a "cultura popular". Para o autor, essas modificações históricas e sociais, ocorridas num período marcado por profundas transformações na sociedade — a Revolução Industrial —, relacionam-se às "modificações mais amplas de vida e de pensamento" (WILLIAMS, 2007, p. 334).

Dessa forma, as modificações na produção concreta da existência, tanto em termos econômicos quanto políticos, afetam a produção e a evolução de conceitos-chave para o estudo e a compreensão da

---

[13] Para Williams (2007, p. 379), "[...] a palavra sociedade é clara em dois sentidos principais: como termo mais geral para o corpo de instituições e relações no qual vive um grupo relativamente grande de pessoas; e como o termo mais abstrato para a condição na qual se formam essas instituições e relações".

sociedade e acarretam modificações de linguagem. Assim, as transformações ocorridas no uso de palavras como *indústria, democracia, classe e arte* estão profundamente relacionadas às mudanças no entendimento de *cultura*.

Embora a evolução do conceito de cultura estivesse articulada à ideia de indústria, para Williams (1969, p. 20), "o surgimento de cultura como uma abstração, como algo absoluto", não foi uma simples resposta "à nova indústria" e/ou ao industrialismo: "[...] foi, porém, resposta a novos desenvolvimentos políticos e sociais, isto é, à Democracia". Para Williams (1969, p. 305):

> A história da ideia de cultura é a história do modo por que reagimos em pensamento e em sentimento à mudança de condições por que passou a nossa vida. Chamamos cultura a nossa resposta aos acontecimentos que constituem o que viemos a definir como indústria e democracia e que determinaram a mudança das condições humanas. [...] A ideia de cultura é a resposta global que demos à grande mudança geral que ocorreu nas condições de nossa vida comum.

Rompendo com velhas posições que pensavam a cultura apenas sob a ótica da reprodução, Williams conseguiu formular uma outra interpretação de cultura como processo de produção material e social, sendo a linguagem um dos meios sociais de sua produção, tornando-se assim uma prática consciente.

Porém a posição de Williams (1969) foi delineando-se a partir de sua experiência pessoal ao lado de seu pai, que era sindicalista e militante do Partido Trabalhista, pela experiência intelectual na vida universitária, primeiro como beneficiário de uma bolsa de estudos em Cambridge e depois como professor, o que lhe possibilitou um olhar sobre a cultura oficial inglesa e o sistema cultural de classes de onde tinha vindo. Apesar de estar em uma das universidades mais tradicionais da Grã-Bretanha, assume com clareza a importância de suas origens para sua posição teórica.

Seguindo a mesma direção conceitual, em *Cultura* (1992), Williams enfatiza a dificuldade em tratar do termo cultura e destaca alguns aspectos da história e uso do termo, o qual passou por significativas transformações. Defendendo uma forma de convergência contemporânea o autor compreende a cultura como um *de* significações em que a ordem social é comunicada, reproduzida, vivenciada, estudada e experimentada nas mais diversas situações contextuais do cotidiano. Dessa forma,

> [...] há certa convergência prática entre (i) os sentidos antropológico e sociológico de cultura "como modo de vida global" distinto, dentro do qual percebe-se, hoje, um "sistema de significações" bem definido não só como essencial, mas como essencialmente envolvido em *todas* as formas de atividade social, e (ii) o sentido mais especializado, ainda que também mais comum, de cultura como "atividades artísticas e intelectuais", embora estas, devido à ênfase em um sistema de significações geral, sejam agora definidas de maneira muito mais ampla, de modo a incluir não apenas as artes e as formas de produção intelectual tradicionais, mas também todas as "práticas significativas" – desde a linguagem, passando pelas artes e filosofia, até o jornalismo, moda e publicidade – que agora constituem esse campo complexo e necessariamente extenso. (WILLIAMS, 1992, p. 13).

Nesse entendimento, a compreensão do termo cultura adquire um caráter universal e abarca tanto as mais rudimentares manifestações "populares" quanto o que se chama de alta cultura ou cultura erudita. Dessa forma, pode-se tratar de questões culturais tanto no âmbito global, como em áreas mais específicas/restritas, sem, contudo, estabelecer valorações e/ou hierarquias no sentido de considerar determinado tipo de cultura ou prática cultural superior ou inferior, sejam as artes ou as produções de pessoas comuns.

Adotando a ideia de uma cultura ordinária, comum, cotidiana, destituída de valorações relativas a classes ou a inspirações especiais, assentadas nas relações sociais e concretas vividas pelos indivíduos, Williams se nega a fazer distinções sobre "tipos" de cultura ou a relacionar passivamente os produtos culturais a determinado tipo específico de classe social e muito menos a classificar as diferentes culturas quer seja numa ordem superior ou inferior.

Podemos subtrair das análises de Williams (1992) que o que tem sido chamado de cultura erudita ou cultura de elite esteve relacionado — e em grande medida ainda está — à produção artística e intelectual das classes mais favorecidas, da classe burguesa e a cultura popular, de certo modo, foi confundida com a cultura de massa produzida pela burguesia. Entretanto, Williams não só rejeita a atribuição unívoca de uma determinada cultura como "popular", como também rejeita a ideia de uma "cultura de massa" enquanto sinônimo de uma "cultura popular", pois a cultura de massa surgiu em resposta à industrialização, ao avanço dos meios de comunicação e à transformação dos produtos culturais em mercadorias destinadas às massas, ao povo ou populacho.

Williams problematiza os contrastes atribuídos à cultura burguesa e à cultura da classe trabalhadora ou popular. Dessa forma, duvida da expressão cultura burguesa enquanto uma expressão útil. Como ele próprio menciona:

> Estamos em condições, agora, de saber exatamente o que se entende por "cultura da classe trabalhadora". Não é a arte proletária, nem um particular uso da língua, nem conselhos deliberativos; é, em vez disso, a básica ideia coletiva, e as instituições, costumes, hábitos de pensamento e intenções que dela procedem. Cultura burguesa, por sua vez, é a básica ideia individualista e as instituições, costumes, hábitos de pensamento e intenções que daí procedem. Em nossa cultura, como um todo, há ao mesmo tempo uma interação constante entre esses sistemas de vida e uma área que pode ser adequadamente descrita como comum ou como pressuposta a ambos. (WILLIAMS, 1969, p. 335).

Nesse ponto, o autor chama atenção ao aspecto interativo e comum da produção cultural, o que nos leva a considerar a possibilidade de partilhas culturais entre indivíduos de classes ou grupos sociais diferentes e a questionar as dicotomias absolutas entre, sobretudo, a erudita e a popular.

A cultura, em Williams é, portanto, entendida tanto quanto processo, produção e produto da sociedade, "[...] como um sistema de significações realizado [...]" (WILLIAMS, 1992, p. 206) e, enquanto tradição, "[...] como conjunto de trabalho intelectual e imaginativo [...]" (WILLIAMS, 1969, p. 329) determinada pela vida material e referenciada enquanto uma cultura ordinária, destituída de valorações e/ou hierarquias. Sob esse entendimento, cultura "[...] é tudo o que constitui a maneira de viver de uma sociedade [...]" (CEVASCO, 2008, p. 51) e sua natureza está comprometida tanto com o que se entende por tradição ou herança cultural da humanidade quanto com os processos criativos da vida ordinária de pessoas comuns.

A acepção de Williams (1969) pressupõe a ideia de democratização da cultura — tomada num sentido universal —, sob a qual o acesso aos produtos culturais da humanidade não deve ser privilégio de alguns, nem sua produção está relacionada a atributos especiais ou a uma "iluminação do espírito": a cultura é ordinária, comum, e é produzida socialmente. E deve ser uma cultura participativa, em comum, partilhada por todos.

Sob essa perspectiva, "os recursos da humanidade são considerados comuns e o direito de acesso a eles não passa pela classe social, mas pela sua abolição e sua dissolução em humanidade comum" (CEVASCO, 2008, p. 52). Isso implica uma educação com perspectivas emancipatórias que objetive a construção de uma sociedade mais democrática e participativa.

A ideia de uma cultura em comum, em Williams, relaciona a verdadeira democracia à possibilidade de viabilizar o acesso a todas as formas de cultura a todas as pessoas e, nesse sentido, reivindica uma prática política emancipatória no sentido de: dar a todos livre acesso a tudo que se fez e se construiu no passado. Para ele:

> Uma cultura comum não é, em nenhum nível, uma cultura igual. Mas pressupõe, sempre, a igualdade do ser, sem a qual a experiência comum não pode ser valorizada. Uma cultura comum não pode opor restrições absolutas ao acesso a qualquer das suas atividades: este é o sentido real do princípio de igualdade de oportunidades. (WILLIAMS, 1969, p. 326).

O princípio de igualdade de oportunidades relacionado à garantia do acesso e da aquisição de bens culturais necessários à convivência democrática, ao exercício pleno da cidadania, encontrou eco e tornou-se uma das questões centrais postas pelas discussões e/ou estudos curriculares, especialmente na perspectiva das teorias críticas de currículo (SILVA, 2005; SOARES, 1987). Tais teorias são caracterizadas por um "olhar crítico e 'desconstrutor'" que colocam sobre os conteúdos culturais (conhecimentos, valores simbólicos) veiculados pelo currículo (FORQUIN, 1993, p. 77).

Sua análise materialista de cultura também ganhou reforço pela experiência vivenciada no contexto da Segunda Guerra Mundial, da qual participou ativamente, o que possibilitou pensar, de acordo com Cevasco (2001, p. 119), que "[...] a palavra 'cultura' parece enfeixar muito do sentido de mudança de um contexto que se reorganiza para acomodar a nova ordem interna e externa que emerge após o armistício".

Tradicionalmente, cultura sempre foi usada como forma de distinção social entre classes e grupos, mas também para se referir às artes. Williams rompe com essa postura afirmando o materialismo cultural como posição teórica capaz de estudar a cultura enquanto processo de produção material que se dá no contexto das relações sociais. Nesse aspecto, Williams amplia a análise marxista do materialismo buscando explorar domínios pouco trabalhados por Marx, demonstrando que sua posição na defesa do materialismo cultural constitui-se muito mais como resposta teórica a modificações ocorridas na organização social que possibilitam novas formulações e análises, afirmando que:

> [...] *a dominação essencial de uma determinada classe na sociedade mantém-se não somente, ainda que certamente se for necessário, através do poder, e não apenas, ainda que sempre, através da propriedade. Ela se mantêm também, inevitavelmente, pela cultura do vivido: aquela saturação do hábito, da experiência, dos modos de ver, sendo continuamente renovada em todas as etapas da vida, desde a infância, sob pressões definidas e no interior de significados definidos, de tal forma que o que as pessoas vêm a pensar e a sentir é, em larga medida, uma reprodução de uma ordem social profundamente arraigada a que as pessoas podem até pensar que de algum modo se opõem, e a que, muitos vezes se opõem de fato.* (WILLIAMS, 1975 *apud* CEVASCO, 2001, p. 127).

Observa-se que há uma ligação entre materialismo e cultura em Williams, algo resultante da convergência de diversos fatores que estão relacionados com as necessidades impostas pela teoria à prática. Para ele, o debate sobre cultura se articula no movimento da totalidade social e constitui-se como espaço relevante de luta.

Williams (2011) sustenta que o marxismo contemporâneo, em sua forma mais ampla, considerando o sentido real de totalidade, é um movimento do qual ele próprio participa, porém, considera que em Marx há uma necessidade de pensar a cultura como construção da cotidianidade humana, no sentido de que este não conseguiu explorar a discussão sobre cultura enquanto produção material, portanto constituinte do materialismo histórico.

A concepção desenvolvida por Williams (2011) é caracterizada por um modo próprio de pensar a sociedade e a cultura, concebidas como todo um modo de vida, isto é, como coisas que se distinguem apenas por suas diferentes formas de se materializar. Diferentemente da concepção tradicional e estruturalista de cultura — para qual o espaço da cultura existe a par da vida social —, na visão dos estudos culturais, dos quais Williams é o propulsor, os processos intelectuais têm bases na sociedade. Não se comportam, porém, como mero "reflexo", como se acostumou a pensar certa tradição do materialismo. Ao contrário, para o materialismo cultural, os fenômenos culturais assumem caráter constituinte e funcionam como vetores, conferindo forma concreta aos processos econômicos, políticos e sociais mais gerais.

Ao longo de toda sua obra, Williams não afirma nem nega a posição marxista, mas deixa claro que o movimento necessário é o de dar continuidade na discussão proposta de uma análise cultural marxista. Disso resulta o movimento teórico que o leva ao materialismo cultural como alternativa para pensar a relação base e superestrutura em Marx, dizendo que: "[...] retraçá-la pode ajudar a especificar que diferenças analíticas advêm de pensar cultura como produto e produção de um modo de vida determinado, e não como reflexo de uma base socioeconômica" (WILLIANS, 2011, p. 138). Essa é a tendência que ele advoga ao insistir na acepção de cultura como todo um modo de vida.

Na obra *Cultura e Materialismo*, Raymond Williams (2011) busca construir uma reflexão em que o materialismo cultural se constitui como fruto de uma reavaliação da posição da cultura no marxismo, ou o papel que a cultura estabelece na relação base e superestrutura, defendendo que a noção de base que herdamos não têm sido analisada com o devido cuidado por considerar que "[...] a base é o conceito mais importante a ser estudado se quisermos compreender as realidades do processo cultural [...]" (WILLIANS. 2011, p. 46). A base é considerada pelo autor como a existência social e real do homem — em que homens e mulheres realizam a sua vida por inteiro — ela corresponde ao espaço de relações sociais de produção em um determinado estágio de seu desenvolvimento.

A observação que o autor faz ao marxismo, especificamente, refere-se ao fato de que tais análises deixam de lado a centralidade da cultura na vida social, buscando prescrever seus rumos e ignorando sua especificidade. Por outro lado, a segunda observação refere-se à ênfase dada pela posição marxista ao termo superestrutura no qual o mundo da arte estaria situado trazendo em seu bojo o futuro, transmitindo a ideia de um mundo melhor num futuro socialista. Portanto, essa aproximação entre o romantismo e o marxismo, no modelo britânico, expresso por Williams, na obra *Culture and Society*, parece-lhe mais com o romantismo sobrepondo-se a Marx do que o inverso.

> Um passo em falso teórico dessa proposição é que pensa em separado o que é de fato inextricavelmente ligado: a materialidade da realidade social e a cultural, ela também certamente é material. Isso impede uma visão que é fundamental para o projeto intelectual de Williams: encontrar formas de analisar a cultura como um modo de pensar a totalidade social [...]. (CEVASCO, 2001, p. 141).

A crítica que Williams (2011) dirige ao marxismo inglês de seu tempo, questionando o mecanicismo do modelo base e superestrutura, principalmente até os anos 40, reside no fato de que lhe falta uma discussão teórica eficiente sobre cultura que dê conta de demonstrar sua abstração e as manifestações artísticas em seu entorno deixando, assim, esse campo aberto e livre para o pensamento conservadorista e elitista da época.

Para Williams (2011) é na base que se encontra a existência real e social do homem, é onde estão circunscritas as atividades específicas dos homens, expressas a partir das relações sociais e econômicas reais, as quais constituem a materialidade das vivências e experiências humanas, é nesse local em que ocorre a produção da vida cotidiana, materializada pelas formas como homens e mulheres organizam e estruturam seus modos de existir numa dada sociedade que é sempre uma construção social e histórico.

De acordo com Cevasco (2001, p. 145), "[...] a sociedade é efetivamente composta de um grande número de práticas sociais que formam um todo concreto onde estas práticas interagem, se relacionam e se combinam de formas complexas. [...]". No entendimento da autora, Raymond Williams compreende que a sociedade constitui e é constituída da cultura, em que a realidade é um processo social e material que considera a linguagem e a significação elementos indissolúveis e indissociáveis desse processo, portanto, estão envolvidos na produção e reprodução da vida social e material. Nesse sentido, a cultura reproduz, mas também produz a realidade por meio das forças produtivas, mas não no sentido ideológico restrito à produção de mercadorias como visto em Marx, mas no sentido amplo "[...] de pensar a cultura como força produtiva é coloca-la no mundo real, é postulá-la como consciência tão prática quanto a linguagem em que é veiculada e interpretada [...]" (CEVASCO, 2001, p. 147).

Mas é importante dizer que o materialismo cultural proposto por Raymond Williams (2011) não pretende ser uma crítica à tradição marxista, mas quer apontar os principais desdobramentos, enquanto crítica histórica e materialista, das relações sociais que permeiam a consciência em que se assenta o marxismo e mostrar que análise marxista padece da ausência da reflexão sobre cultura.

Ele também defende a ideia de hegemonia enquanto conjunto de práticas que envolvem a vida toda, pois a considera como um sistema vivido de significados e valores que, à medida que são vivenciados como práticas, vão confirmando uns aos outros e enfatizando a realidade de dominação. Nesse sentido, a noção de cultura como todo um modo de vida também pode ser vista como noção de cultura como um modo de dominação. Porém ele não acredita na plena dominação hegemônica, uma vez que a hegemonia — embora atue de maneira dominante, ativa, sempre em transformação, se expandindo e firmando por meio de processos de incorporação — não pode, na visão socialista de Williams, abarcar tudo porque considera que a prática social humana possui uma enorme amplitude, uma vez que, além disso, o ser humano é dotado de energia, intenções e imaginação que escapam aos domínios hegemônicos, logo, a condição humana, para ele, não pode ser totalmente dominada, controlada. O homem é um ser criativo pela sua natureza humana.

> [...] nenhum modo de produção e, portanto, nenhuma sociedade dominante ou ordem da sociedade e, destarte, nenhuma cultura dominante pode esgotar toda

> a gama da prática humana, da energia humana e da intenção humana (essa gama não é o inventário de alguma "natureza humana" original, mas, ao contrário, é aquela gama extraordinária de variações práticas e imaginadas pelas quais seres humanos se veem como capazes) [...]. (WILLIAMS, 2011, p. 59).

Logo, há coisas que acontecem fora do modo dominante da sociedade.

Williams não defende a existência de uma experiência imediata, cuja pureza é violada pela linguagem em sua representação imperfeita, nem que a experiência é uma forma privilegiada de entendimento anterior à linguagem. Experiência, para ele, é sempre social e material, e, portanto, histórica. É isso que a noção de estrutura de sentimentos tenta descrever:

> A posição assumida pelo materialismo cultural, ao tratar sobre a análise da cultura, muda não só o que se olha, "o objeto", como, e de forma decisiva, a maneira de olhar. Pensando que cultura é produção temos que rever muita coisa. Para começar, o materialismo cultural não considera os produtos da cultura como "objetos" e sim como práticas sociais, já que o objetivo da análise materialista é desvendar as condições dessa prática e não meramente elucidar os componentes de uma obra. (CEVASCO, 2001, p. 157).

Assim, dependendo da posição que os indivíduos ocupam nos mais diversos contextos sociais — como visto na condição do Severino e da Severina analisados por Ciampa (2001) — a maneira de ver a realidade e os sujeitos muda, porque o olhar é orientado pelos valores e princípios individuais, e pelas marcas que recebemos da cultura que constitui nossas identidades.

5. A relação entre a identidade e os saberes docentes

Na sociedade contemporânea, o trabalho do professor tornou-se ainda mais essencial do que em outros tempos, pois ele assume o papel de mediador frente aos processos constitutivos da cidadania do aluno, no sentido de sua contribuição no combate ao fracasso e as desigualdades escolares, num mundo cada vez mais tecnológico, midiático e competitivo, no qual as pessoas se encontram, ao mesmo tempo, próximas e afastadas, em que o diálogo, o encontro com o outro, está se tornando cada vez mais mediado pelas mídias da comunicação virtual.

Diante desse cenário, é necessário repensar a formação de professores a partir do contexto em que se efetiva a prática docente, ou melhor dizendo, olhar para o cotidiano do contexto escolar, os sujeitos e suas relações, sua dinâmica, seus modos de organização, suas rotinas e necessidades sabendo que vivemos em um contexto o em que as reformas educacionais têm dado prioridade para os processos e programas de formação de professores, porém, sob a orientação e regulação dos organismos internacionais com vistas ao atendimento mercadológico educacional.

Pesquisas nessa área, como a de Tardif (2002) e Pimenta (2005), têm demonstrado o distanciamento entre o que os cursos de formação desenvolvem em seu currículo formal, com atividades de estágio distantes da realidade das salas de aula e a precariedade do trabalho docente, que, nas últimas décadas, intensificou-se pela sobrecarga de trabalho e responsabilização dos professores pela qualidade do ensino do público.

O debate sobre os saberes docentes é bem recente, e tal preocupação tem dominado as discussões literárias produzidas no campo das ciências da educação norte americana e anglo-saxônicas nas três últimas décadas, chegando ao Brasil na década de 1990. De modo que o esforço aqui empreendido busca pensar sobre a natureza dos saberes docentes que constituem a base do exercício profissional.

Essas considerações apontam para a urgência de estudar a identidade docente considerando os saberes como um dos aspectos que configuram a profissão professor. E ainda defendo a posição de que a identidade profissional do professor, assim como enfatizado por Pimenta (2005), constrói-se no contexto do trabalho docente, o qual compreendo como atividade imbuída de significados e sentidos, de tal modo que:

> Uma identidade profissional se constrói, pois, a partir da significação social da profissão; da revisão constante dos significados sociais da profissão; da revisão das tradições [...] da reafirmação de práticas consagradas culturalmente e que permanecem significativas [...] pelo significado que cada professor, enquanto ator e autor, confere à atividade docente no seu cotidiano a partir de seus valores, de seu modo de situar-se no mundo, de sua história de vida, de suas representações, de seus saberes, de suas angústias e anseios, do sentido que em sua vida o ser professor. Assim como a partir de sua rede de relações com outros professores, nas escolas, nos sindicatos e em outros agrupamentos. (PIMENTA, 2005, p. 19).

As observações apresentadas indicam que a construção da identidade docente — primeiro porque é um percurso, um caminho, uma trajetória — vai sendo formada no interior do trabalho docente, uma atividade que mobiliza diversos saberes. Essa identidade é móvel e acompanha a dinâmica da realidade em que se materializa, tem a capacidade de se formar e transformar no entrecruzar das relações sociais em diferentes contextos, tal qual os personagens do poema analisados por Ciampa (2001), que passam por diferentes trajetórias e experiências e marcam profundamente o modo como eles próprios se representam e são representados, também ocorre com a(s) identidade(s) docente(s). À medida que a história do Severino — personagem fictício — e da Severina — personagem real — vai se materializando a partir das relações que estabelecem com os outros sujeitos, também o seu "Eu" se modifica, porque a identidade é representada a partir de seu significado social, num determinado contexto cultural e por diferentes sujeitos.

Isso implica dizer que o estudo da identidade docente passa, necessariamente, pelo reconhecimento da relação intrínseca que existe entre a construção, tanto da identidade profissional do professor quanto da identidade pessoal na relação com os saberes que são mobilizados para o exercício de suas atividades.

Nesse ponto, caminha a reflexão sobre esses saberes, que, enquanto um dos elementos inerentes à prática docente, são constitutivos e constituintes[14] da identidade docente. Esses saberes, tanto do ponto de vista defendido por Pimenta (2005) quanto por Tardif (2002), estão ligados intrinsecamente à construção da identidade docente, o que, em ambos os autores, realiza-se pela materialidade desse trabalho concebido enquanto atividade.

A sala de aula, espaço onde a atividade docente se materializa, é também um espaço de produção de saberes, na qual se apresentam em diversas categorias, abordadas por Tardif (2002), os quais aqui emergem no sentido de mostrar a relação entre eles e a identidade docente, que considero, não é apenas uma identidade profissional, mas uma identidade pessoal que define o Ser professor como um sujeito que possui identidades.

No que se refere aos saberes docentes, amparo-me nas abordagens de Tardif (2002) e Pimenta (2005), uma vez que suas análises e considerações guardam similaridades com a posição que aqui assumo. Também por entender que há uma interrelação entre os diversos saberes, ou seja, o saber docente é constituído em interação com os demais saberes mobilizados pelos professores, e assim a relação dos docentes com os saberes não se reduz a uma função de transmissão dos conhecimentos já constituídos. Sua prática integra diferentes saberes, com os quais mantém diferentes relações.

Com base em Tardif (2002), entre esses saberes estão aqueles oriundos do exercício do trabalho docente, da formação profissional, os saberes disciplinares, curriculares e experienciais.

Sobre o saber dos professores em seu trabalho, o autor trata em específico da relação entre os saberes adquiridos no exercício da profissão — relação essa aparentemente comum e banal —, mas ao analisar essa estreita relação, observa uma certa problemática entre esses, pois, professor "[...] é antes de tudo, alguém que sabe

---

[14] Compreende-se que o sentido dado a essas palavras expressa que os saberes docentes tanto constituem ou formam a identidade docente quanto são constituídos ou formados por ela.

de alguma coisa e cuja função consiste em transmitir esse saber a outros" (TARDIF, 2002, p. 31). A problemática surge quando é preciso especificar os saberes que os professores mobilizam em sua prática e sua formação? Como foram ou são adquiridos? Bem como sua relação com eles.

Indagações do tipo a seguir apontam para tal problemática:

> Os professores sabem de certo alguma coisa, mas o que, exatamente? Que saber é esse? São eles apenas "transmissores" de saberes produzidos por outros grupos? Produzem eles um ou mais saberes, no âmbito de sua profissão? Qual é o seu papel na definição e na seleção dos saberes transmitidos pela instituição escolar? Qual a sua função na produção dos saberes pedagógicos? As chamadas ciências da educação, elaboradas pelos pesquisadores e formadores universitários, ou os saberes e doutrinas pedagógicas, elaborados pelos ideólogos da educação, constituiriam todo o saber dos professores? (TARDIF, 2002, p. 32).

O autor considera que a identidade docente está intimamente ligada aos saberes que são mobilizados no exercício da profissão docente, pois, assim como a identidade é um constructo social, também o saber é sempre um saber social, construído na interação com o meio social, inclusive na relação com o outro, os alunos, por exemplo. Porém, o que o autor incessantemente indaga diz respeito aos inúmeros e plurais saberes que o professor mobiliza no exercício de sua prática.

O saber docente é um saber social, porque este é partilhado na coletividade, no encontro com o outro, é definido por diversos atores sociais. Uma vez que o professor nunca define sozinho o seu próprio saber, essa decisão é fruto de um processo de negociação entre diversos grupos.

De acordo com Tardif (2002), os saberes da formação profissional são aqueles transmitidos pelas instituições públicas ou privadas atuantes no processo de ensino e pesquisa nos cursos de formação de professores, constituindo, enquanto conhecimento científico, as chamadas ciências da educação, as quais, ao se tornarem validadas, determinam definitivamente a formação do professor e seu saber científico erudito. As universidades e os formadores universitários assumem as tarefas de produção e de legitimação dos saberes científicos e pedagógicos, ao passo que aos professores compete apropriar-se desses saberes, no decorrer de sua formação, como normas e elementos de sua competência profissional, competência essa sancionada pela universidade e pelo Estado.

Reconheço o papel e a importância das universidades e seus formadores, porém questiono o fato de haver um distanciamento entre os pesquisadores da educação e os professores que atuam diariamente nas salas de aulas. Nesse sentido, de fato, observa-se um enorme fosso entre os que pensam, pesquisam e constroem o saber elaborado — longe da realidade do cotidiano escolar — e os que executam ou aplicam os conhecimentos, pensados e legitimados, na maioria das vezes, sem conexão com o cotidiano da profissão docente. São realidades bem distintas que comprovam o quanto as universidades, com seus mestres e doutores, precisam repensar, inclusive, suas próprias práticas, já que são eles que formam os futuros professores.

Além dos saberes produzidos pelas ciências da educação e dos saberes pedagógicos, o saber docente absorve também saberes socialmente e culturalmente definidos e selecionados pela instituição universitária. A esses saberes Tardif (2002) chama de saberes disciplinares, sob a forma de disciplinas como a Matemática, a História, a Literatura etc. Logo, o professor, ao lidar com determinada área do conhecimento ou componente curricular, também incorpora os saberes produzidos nesse campo à sua prática docente.

No decorrer da carreira docente, os professores também se apropriam de saberes chamados curriculares, que correspondem aos discursos, objetivos, conteúdos e métodos organizados. São determinados pelos sistemas de ensino e suas unidades escolares, em alguns casos elaborados a partir do projeto pedagógico da escola, a partir dos quais a instituição escolar categoriza e apresenta esses saberes por ela definidos e selecionados, como modelos da cultura erudita e de formação para a cultura erudita. Apresentam-se concretamente sob a forma de programas escolares (objetivos, conteúdos, métodos) que os professores devem aprender e aplicar (TARDIF, 2002).

O autor também considera a existência dos saberes experienciais, como a interrelação do professor com os demais saberes e o seu saber da experiência, ou prático, do dia a dia — o saber adquirido a curto ou longo prazo durante a trajetória de sua carreira docente. Esse saber acaba sendo validado enquanto conhecimento e vindo a ser de fato conhecido, podendo contribuir fundamentalmente para a sua prática e para o aprendizado do aluno.

Tardif (2002) não trata especificamente do estudo sobre a identidade, seu esforço busca compreender a natureza dos saberes que dão base à prática docente. No entanto, ele próprio considera que os professores não podem apenas dar aulas, fazer seu trabalho, mas, muito mais que isso, devem empenhar e investir no exercício de sua profissão aquilo que eles realmente são como pessoa. Considera nesse ponto a dimensão pessoal da identidade docente, mas em estreita relação com a identidade profissional. É como ele mesmo diz:

> [...] o saber do professor traz em si mesmo as marcas de seu trabalho, que ele não é utilizado apenas como um meio no trabalho, mas é produzido e modelado no e pelo trabalho [...], portanto de um trabalho multidimensional que incorpora elementos relativos à identidade pessoal e profissional do professor [...]. (TARDIF, 2002, p. 17).

O que estou traçando é uma reflexão para mostrar que os saberes são elementos constitutivos da prática docente e, diante de tal constatação, não há dúvidas de que essa prática é a de um sujeito socialmente determinado, dotado de vivências, experiências que vão se acumulando ao longo de sua trajetória pessoal e profissional. Um sujeito que carrega em suas identidades as marcas de seu trabalho, por isso também porta uma identidade de trabalhador.

O trabalho docente possibilita ao professor o entrecruzamento do "Eu profissional" com o "Eu pessoal", já que todo professor transpõe para o exercício de sua prática aquilo que é como pessoa e vice-versa. É no exercício da profissão que se aprende a ser professor e esse aprendizado exerce influência sobre o eu pessoal. Ao longo da carreira, tanto o profissional quanto o pessoal, se formam e transformam mutuamente. Essas relações são sempre mediadas pelo trabalho, que é a atividade docente.

O trabalho docente entendido sob a perspectiva postulada em Marx (1998) — o que, de acordo com Leandro Konder (1987), está bem definido nas teses de Feurbach (1888) — aparece como sendo atividade concreta na qual os sujeitos, ao afirmarem-se no mundo, modificam sua realidade transformando-se a si mesmo. A práxis é ação que necessita de reflexão e uma nova ação consciente. Ela deve ser realizada por um sujeito consciente, engajado, por isso, assumindo uma postura autocrítica.

A profissão docente confere-lhe o status de prática erudita que se articula, simultaneamente, com diferentes saberes: os saberes sociais, transformados em saberes escolares por meio dos saberes disciplinares e dos saberes curriculares, os saberes oriundos das ciências da educação, os saberes pedagógicos e os saberes experienciais.

Pimenta (2005) acredita que, ao chegarem aos cursos de formação inicial, os alunos já possuem saberes sobre o que é ser professor. Esse saber é conceituado pela autora como os *saberes da experiência* de alunos que passaram por diversos professores em toda sua vida escolar. Logo, acredito que todo professor antes de ser professor é primeiro aluno, por isso na identidade docente também reside uma identidade discente.

> Também sabem sobre o ser professor por meio da experiência socialmente acumulada, as mudanças históricas da profissão, o exercício profissional

em diferentes escolas, a não valorização social e financeira dos professores, as dificuldades de estar diante de turmas de crianças e jovens turbulentos, em escolas precárias; sabem um pouco sobre as representações e os estereótipos que a sociedade tem dos professores, através dos meios de comunicação [...]. (PIMENTA, 2005, p. 20).

Pimenta (2005) e Tardif (2002) concordam que muitos dos saberes da experiência também são produzidos no cotidiano do exercício da atividade docente. É no fazer do dia a dia que os saberes docentes da experiência vão se confirmando e renovando. Ser professor é, primeiro, enquanto aluno dos cursos de formação inicial, ver-se enquanto professor na sua condição de aluno.

De fato, os saberes e o conhecimento estão relacionados com as percepções, que são dadas pelos sentidos e com a experiência. Ao indagar sobre a origem do conhecimento, Hessen (1987) parte do princípio de que este pode ter um sentido psicológico e um sentido lógico que estão conectados intimamente, acreditando que o conhecimento se fundamenta tanto no pensamento quanto na experiência.

Nessa direção, Pimenta (2005) refere-se ao saber enquanto conhecimento que é adquirido nos diferentes cursos de licenciaturas das mais diversas áreas da ciência. Desse modo, esses alunos passam a ter a clareza de que são professores de um determinado conhecimento específico (Física, Matemática, História etc.) e sabem que sem o domínio desses conhecimentos dificilmente serão bons professores.

A autora então argumenta que poucos são aqueles que se indagam sobre o significado desses conhecimentos para si próprios, para a sociedade, bem como da necessidade e da validade deles para suas vidas, assim como para a vida de seus alunos e do poder que o conhecimento tem de produzir novas formas de existência e da própria humanização.

O conhecimento confere vantagens a quem o possui, mas na sociedade desigual e marginal em que vivemos, o acesso à informação não se dá nas mesmas proporções e igualmente para todos os cidadãos. Então, como mobilizar e utilizar esse saber a partir da atividade docente, de maneira a dotar os sujeitos dessa força poderosa que é o conhecimento? Nas palavras da autora, "[...] conhecer significa estar consciente do poder do conhecimento para a produção da vida material, social e existencial da humanidade" (PIMENTA, 20052, p. 22).

Parafraseando Edgar Morin (2000), todo conhecimento é passível de erro e ilusão, uma vez que o conhecimento é fruto de percepções, traduções e reconstruções oriundas dos nossos sentidos. Daí que os indivíduos não só percebem, como traduzem e reconstroem o saber sob a perspectiva de suas individualidades, sob a influência do contexto sociocultural. Nessa perspectiva, o autor compreende o conhecimento como algo em movimento, dinâmico e transitório.

> O professor é alguém que deve conhecer sua matéria, sua disciplina e seu programa, além de possuir certos conhecimentos relativos às ciências da educação e à pedagogia e desenvolver um saber prático baseado em sua experiência cotidiana com os alunos. (TARDIF, 2002, p. 39).

O conhecimento é a matéria da atividade docente, diariamente, nos espaços educativos. Professores e alunos objetivam conhecer e isso implica não apenas informar, porque o conhecimento não se reduz à informação[15]. Esta, por sua vez, é apenas parte dos momentos do ato de conhecer.

Hessen (1987), ao tratar sobre a Teoria do Conhecimento, ressalta, inicialmente, que antes de quaisquer discussões sobre a possibilidade do conhecimento é necessário indagar sobre o conceito de conhecimento. Porém, antecedendo a resposta desse questionamento, é necessário responder sobre a possibilidade do conhecimento, ou seja, se ele é possível. Desse modo, o autor trata de examinar sobre a possibilidade, a origem e a essência do conhecimento.

---

[15] A esse respeito, consultar Edgar Morin (2000) e Johannes Hessen (1987).

Em Hessen (1987), a teoria do conhecimento pode ser entendida enquanto uma interpretação filosófica do conhecimento humano. Portanto, o conhecimento de que fala se refere a todo conhecimento no seu sentido mais amplo e não a um conhecimento específico. O autor ressalta que, para existir o conhecimento, é necessário um sujeito cognoscente e um objeto cognoscível. Em outras palavras, deve haver sujeito e objeto do conhecimento, pois o sujeito desde que nasce busca conhecer.

> No conhecimento encontram-se frente a frente a consciência e o objecto, o sujeito e o objeto. O conhecimento apresenta-se como uma relação entre estes dois elementos, que nela permanecem eternamente separados um do outro. O dualismo sujeito e objeto pertence à essência do conhecimento. (HESSEN, 1987, p. 26).

Desse modo, há uma interrelação entre o sujeito e o objeto do conhecimento, sendo que dela surge sempre uma imagem do objeto que está sendo apreendido pelo sujeito. Essa imagem precisa ser enunciada, comunicada, pois o conhecimento deve tornar-se público, destacando que o sujeito se constitui enquanto tal na sua relação com o objeto, assim como o objeto se constitui para o sujeito. A função do sujeito é apreender o objeto e a do objeto de ser conhecido pelo sujeito. Nesse processo, há uma alteração no sujeito. Existe algo que se acrescenta a ele e a essa alteração Hessen (1987) chama de imagem, que é o resultado do conhecimento. É essa imagem que sai da esfera do objeto para a esfera do sujeito que constitui o instrumento que permite a consciência cognoscente apreender o objeto cognoscível, ou melhor dizendo, que permite ao sujeito conhecer.

Observa-se uma correlação entre esses dois elementos, dado que o sujeito só existe à medida que o objeto também existe. E o objeto só é objeto na presença de um sujeito. Isso implica que o conhecimento se materializa e produz novas formas de existência e humanização na presença de um sujeito e de um objeto.

A educação — enquanto um processo de humanização que tem o papel de possibilitar aos indivíduos participarem e exercerem sua cidadania, e enquanto prática social, que se realiza em diversas instituições da sociedade — está assentada fundamentalmente no exercício da atividade docente, cujo papel é contribuir com o processo de humanização, tanto de si (professor) quanto dos outros (alunos) mediante o trabalho coletivo e interdisciplinar, em que ambos são sujeitos do conhecimento que buscam apreender o objeto do conhecimento.

A partir do exercício do trabalho docente, em que atividade passa a ser compreendida como práxis — aqui concebida na perspectiva marxista — indicando que a diferença entre o homem e o animal reside na atividade, uma vez que o homem a realiza pela sua vontade e de modo consciente, já o animal age instintivamente não tendo consciência de si (KONDER, 1992). Desse modo, é por meio do trabalho enquanto atividade produtiva que o homem produz a sua existência e a si próprio. O professor, a partir do exercício docente, produz e traduz a vida de professor, isso afeta também a produção de sua identidade profissional e pessoal. Ele é o principal agente no processo de tradução, representação e significação do conhecimento, de modo que, consiga articulá-lo, permitindo aos alunos também irem produzindo sua existência e construindo suas identidades.

> Apesar da importância do professor no processo de conhecimento que perpassa pela "transmissão" de saberes que fundamentam o conhecimento da sociedade nos vários níveis e campos, esse representa, principalmente no contexto atual, a figura de um "profissional" desvalorizado diante de sua função, uma vez que esse corpo parece "incapaz de definir um saber produzido ou controlado por ele mesmo". (TARDIF, 2002, p. 40).

Sob essa perspectiva, o professor passa a ser comparado a técnicos e executores da transmissão de saber construídos pelas academias, por intermédio de seus especialistas, sendo comum ainda presenciarmos discursos de professores justificando alguns dos problemas educacionais ou fracassos escolares com o seguinte argumento de que o problema é que o conhecimento, os conteúdos curriculares, que são a matéria do ensino, são postulados impostos "de cima para baixo", nos quais o professor não tem participação direta na construção, havendo assim um distanciamento entre aqueles que produzem o saber e os que, de fato, executam, caracterizando a divisão social do trabalho docente. De um lado, ou acima, os que pensam e formulam os postulados científicos, e de outro, os que têm o papel de executar, de colocar em prática um saber que é alheio e distante da identidade docente.

Os saberes docentes advêm de diversas fontes e diferentes momentos de suas histórias de vida e da carreira profissional, eles são o resultado do movimento da identidade de um sujeito, o professor, que, na concepção defendida por Tardif (2002), é sujeito do conhecimento que ao longo de sua trajetória vai construindo e acumulando saberes que provêm do exercício da prática docente — enquanto saberes que eles constroem em seu trabalho — e os saberes que adquirem por meio do processo de formação. Portanto esses diversos saberes estão relacionados ao saber-fazer dos professores, aos saberes curriculares, aos saberes disciplinares, aos saberes da formação e aos saberes experienciais.

O autor reconhece os professores também como atores racionais porque são dotados de razão, já que possuem capacidade de agir, de falar e de pensar, estabelecendo e elaborando uma ordenação racional que orienta a prática docente. Isso significa que os professores são profissionais dotados de razão capazes de tomar decisões e fazer julgamentos baseados em seus saberes que, assim como Tardif (2002) observa, são saberes que se desenvolvem sempre no espaço do outro e para o outro. Logo, também os saberes docentes se materializam no e com o outro, na pluralidade do cotidiano do ambiente escolar, no entrecruzar das identidades de professores e alunos.

Ao contrário da posição defendida pela racionalidade da metafísica ocidental — que afirma a posição de que, apesar de termos representações mentais e linguísticas de uma determinada realidade, existe um mundo "lá fora", ou seja, uma realidade independente das representações humanas (SEARLE, 1999) –, Tardif considera que essa racionalidade resulta de um saber que é uma construção coletiva, de trocas discursivas entre os sujeitos sociais. Ele diz:

> Eu falo ou ajo racionalmente quando sou capaz de justificar, por meio de razões, de declarações, de procedimentos etc., o meu discurso ou a minha ação diante de um outro ator que me questiona sobre a pertinência, o valor deles [...] Essas razões são discutíveis, criticáveis e revisáveis. (TARDIF, 2002, p. 199).

Aqui fica evidente que a racionalidade docente se faz, primeiro, mediante um outro ator; segundo, não há uma racionalidade única e verdadeira como aquela defendida pela tradição intelectual ocidental, em que a realidade existe, mas os sujeitos não podem interferir nela. A racionalidade que caracteriza o saber do professor, nesta perspectiva, é uma racionalidade que se faz e refaz continuamente sempre com a intervenção do outro. Essa posição indica que a realidade existe, ela é dinâmica, plural e se constitui por meio das relações sociais num movimento de constante *devir*, portanto, ela é socialmente (re)produzida.

Há ainda um terceiro saber apresentado por Pimenta (2005), que são os saberes pedagógicos, oriundos das disciplinas do curso de formação de professores que tratam especificamente dos processos de ensino aprendizagem, das maneiras de ensinar e aprender, do relacionamento entre professor e aluno. Tais saberes se apresentam fragmentados nas diversas disciplinas pedagógicas. A autora destaca a necessidade de superar essa fragmentação ressaltando que os saberes pedagógicos precisam se pautar a partir das necessidades postas pelo real. A prática pedagógica dos formados deve ser o ponto de partida e o de chegada, visando a reinvenção desses saberes a partir da prática social educativa — a partir da prática social de ensinar —, já que os saberes pedagógicos se constituem a partir da prática que, constantemente, os reelabora e atribui significados, pois:

> [...] o conhecimento do professor é construído no seu próprio cotidiano, mas ele não é só fruto da vida na escola. Ele provém, também de outros âmbitos e, muitas vezes, exclui de sua prática elementos que pertencem ao domínio escolar. A participação em movimentos sociais, religiosos, sindicais e comunitários pode ter mais influência no cotidiano do professor que a própria formação docente que recebeu academicamente [...]. (CUNHA, 1989, p. 39).

Porém a prática pedagógica revela muito da identidade docente, pois é no chão da escola — a sala de aula — que se encontram maneiras de representar a docência. Nesse ambiente, materializa-se parte da produção da vida do professor, da profissão docente e, por conseguinte, a produção da escola enquanto desenvolvimento organizacional. Entretanto, assim como pensa Cunha (1989), é importante compreender que existem outros saberes que podem ser observados, no(a) professor(a), que são resultantes da apropriação que ele/a faz de sua própria prática, assim como dos saberes histórico-socio-culturais que vai adquirindo ao longo da vida.

> [...] os profissionais da educação, em contato com os saberes sobre a educação e sobre a pedagogia, podem encontrar instrumentos para se interrogarem e alimentarem suas práticas, confrontando-as. É aí que se produzem saberes pedagógicos, na ação [...]. (PIMENTA, 2005, p. 26).

Os saberes docentes são materializados no cotidiano da prática dos professores, quando exercidos em sua plenitude no firmamento das intuições, que lhes garantam espaço e tempo contextualizado à realidade social que os circundam. Eles visam à construção de novos conhecimentos que contribuem para a reflexão da própria prática e, desse modo, atenda às especificidades próprias dos processos de ensinar e aprender, reconhecendo que seus limites estão para além da sala de aula.

Portanto os diferentes saberes que são mobilizados no exercício da atividade docente se materializam no contexto das salas de aula, que, por sua vez, estão imersas numa realidade sociocultural, produzida mediante relações sociais. E isso constitui parte do processo de metamorfose da(s) identidade(s) docente(s). É pela dinâmica presente na realidade da sala de aula que professores e alunos vão se (trans)formando mutuamente.

Capítulo IV

REPRESENTAÇÕES DE PROFESSORES(AS) EM NARRATIVAS RIBEIRINHAS NA COMUNIDADE DO RIO QUIANDUBA

*Abrir-se a "alma" da cultura é deixar-se "molhar-se",
"ensopar" das águas culturais e históricas dos indivíduos
envolvidos na experiência.*
(Paulo Freire)

O propósito deste capítulo é apresentar a análise das representações de professores(as) que são construídas e veiculadas na oralidade da Comunidade do Rio Quianduba, a partir das narrativas orais dos sujeitos envolvidos nas práticas educativas nessa localidade. Narrativas que foram obtidas durante a realização de uma atividade de pesquisa junto aos professores, pais, alunos e servidores de apoio pedagógico da Escola Municipal Nossa Senhora do Perpétuo Socorro.

Ao tratar sobre as representações de professores(as), construídas e veiculadas na oralidade da Comunidade do Rio Quianduba, mergulho no universo das narrativas orais como "espaço/lugar" privilegiado de percepção da maneira como os sujeitos, em seu cotidiano, articulam-se e vão construindo e transformando suas identidades, representando-se e sendo representados a partir das relações sociais circunscritas nos mais diversos contextos socioculturais.

1. As primeiras impressões e expressões

Desvendar o universo simbólico de determinado grupo social, caminhar em busca de um objetivo possível, implica, necessariamente, (re)compor o cotidiano, as subjetividades e sensibilidades por meio das representações construídas e veiculadas por esses sujeitos. É navegar pelas experiências e vivências constitutivas de suas identidades no decorrer de suas trajetórias históricas e das narrativas forjadas sobre "si" e sobre o "outro". A constituição de diferentes identidades, formadas e transformadas no cotidiano de trabalho, de sociabilidade e de lazer, remete-me ao desafio de experimentar na escrita da narrativa, a possibilidade de interpretar as representações de professores(as) presentes na oralidade da Comunidade de Quianduba.

Entrar no universo alheio foi um dos momentos mais difíceis e complexos vividos na experiência com as narrativas. Aproximar-me do outro para buscar informações, para percebê-lo como "outro" é sempre um desafio criativo. Pode ser comparado a entrar num rio onde não se sabe a profundidade, a extensão, os seres que o habitam, a força das águas, o tempo de abundância e de fartura. Remar nesse rio de águas, que na sua mansidão revelam-se turbulentas e impiedosas em suas constantes correntezas de marés lançantes, de repontas, repiquetes e remansos. Movimentos contínuos e descontínuos que marcam os tempos das marés, tempos de entrar e sair do rio, de ir e vir.

Figura 4 – Professoras da Comunidade

Fonte: arquivo pessoal da autora (2015)

As atividades de campo tiveram início ainda no mês de dezembro de 2014, quando visitei o lócus da pesquisa para estabelecer o diálogo e a aproximação necessária com os sujeitos. É certo que, antes de adentrar o universo comunitário e, consequentemente, o cotidiano escolar, experimentei um tempo de espera, de anseios, expectativas que passaram a fazer parte do pensar e do fazer pesquisa em com unidades ribeirinhas da Amazônia. De fato, fazer pesquisa é, antes de tudo, prever ações, planejar cuidadosamente o percurso, fazer escolhas, levantar hipóteses, pensar e antecipar o provável e até o improvável.

Ao chegar à Comunidade de Quianduba, desloquei-me para a Escola Municipal Nossa Senhora do Perpétuo Socorro, local da atividade, onde foi possível dialogar com a equipe gestora sobre os propósitos do trabalho e, assim, obter as informações necessárias e pertinentes ao desenvolvimento da árdua e desafiadora ação de pesquisar.

Na escola encontrei pessoas receptivas, prestativas e acolhedoras, as quais pareciam estar sempre preocupadas com situações peculiares ao cotidiano escolar, mas atentas ao trabalho que se iniciava. Muitas vezes pareciam ávidas por esclarecer dúvidas e obter mais informações acerca do que se passara. Por certo, a partir daquele momento, nossas identidades se encontraram numa tarefa comum, mas com objetivos diferentes para cada sujeito da pesquisa.

Desde o primeiro contato com o campo, percebi um grande envolvimento da equipe escolar com as discussões e encaminhamentos a serem deliberados nas reuniões. Por exemplo, no dia 17 de abril de 2015, quando participei de uma reunião entre a equipe de professores, coordenação pedagógica, equipe gestora e servidores de apoio pedagógico envolvidos com as atividades da hora pedagógica (HP). Nesse momento, fiz a apresentação formal das atividades de pesquisa, dos objetivos e finalidades do trabalho, bem como das contribuições trazidas à comunidade, mas uma voz ecoa por entre estas linhas, que me chamou atenção quando disse:

> *Muitos trabalhos de pesquisa já foram realizados aqui, de vez em quando chega um aluno, pesquisadores das universidades, mas a gente sempre fica sem saber do resultado. Só vem buscar, mas não devolvem pra comunidade o resultado dessas pesquisas. A gente já até tinha conversado sobre isso que a gente não ia mais aceitar aqui, porque nunca sabemos o que falam da nossa escola, da nossa comunidade [...]. (NARRATIVA DA SAP 7).*

A primeira impressão foi a seguinte: quando entramos no universo do "outro" somos também percebidos como "outro" e nossos objetivos também são perceptíveis e não são intencionais, há interesses de ambos os lados. Em seguida, compreendi que aquela narrativa tinha sua razão de ser. O mundo acadêmico não existe se não se forjar por dentro das águas que movem a realidade. Não há pesquisa e produção de conhecimento solitário. Existe uma coletividade envolvida nesse processo. É preciso que as pesquisas se alimentem do cotidiano e das necessidades reais das pessoas, mas, assumam compromisso de contribuir com as melhorias que promovam mudanças reais e significativas para o lugar.

As impressões sobre o contexto em análise começaram a surgir, as percepções sobre a diversidade do tempo local, das marés, das cheias, do tempo do rio e da mata. E, principalmente, a percepção de que esse "tempo" determina os modos de vida no lugar e, consequentemente, os tempos da docência e da discência na comunidade, ou melhor, os tempos de escola, os tempos da docência ribeirinha.

Diante de tal constatação, passei a viver no limite entre a fronteira do "eu" e do "outro", um lugar coletivo, compartilhado, mas, de algum modo, alterado, modificado, "invadido". Um cotidiano que passou a (re)inventar-se para abrigar em sua dinâmica novos tempos e novas experiências, novos sujeitos e novas histórias, agora ainda mais com minha presença/ausência, em que o "Eu" lutava a todo momento para distanciar-se das águas desse rio, tentado desvendá-la.

A rotina da escola sofreu alterações, mesmo que houvesse um esforço por parte de todos os envolvidos no processo para "disfarçar". Ainda assim, o dia a dia do ambiente escolar passou a ser objeto de análise. Por isso,

> Registrar o modo como são estabelecidos esses contatos, a forma como o entrevistador é recebido pelo entrevistado, o grau de disponibilidade para a concessão do depoimento, o local em que é concedido (casa, escritório, espaço público etc.), a postura adotada durante a coleta do depoimento, gestos, sinais corporais e/ou mudanças de tom de voz etc., tudo fornece elementos significativos para a leitura/interpretação posterior daquele depoimento, bem como para a compreensão do universo investigado. (DUARTE, 2002, p. 145).

Perceber esses cenários em comunidades ribeirinhas, como é o caso de Quianduba, onde as paisagens vão demarcando os traços e tecendo as identidades sociais, culturais, políticas, econômicas e ambientais com características peculiares, é condição necessária para a compreensão do contexto em que o objeto de pesquisa é analisado. As representações de professores(as) na Comunidade de Quianduba estão desenhadas nas condições de produção da existência local, nos modos como a escola organiza, pensa, planeja e direciona a atividade docente.

Ao encontrar o grupo de professores, constatamos também que a religiosidade é um elemento marcante na Comunidade de Quianduba. Todos os professores estão envolvidos com atividades religiosas com grupos de crianças, adolescentes e jovens, tanto na Igreja Católica quanto na Igreja Evangélica (Aiceb). Entretanto, o catolicismo ainda é a religião predominante. Porém, de muitos que se declaram católicos, existe um número menor daqueles que realmente participam das atividades da igreja.

Observei que os princípios e valores morais que orientam o comportamento, as relações sociais, principalmente na escola em análise, têm seus fundamentos nas diretrizes religiosas muito presente no cotidiano da comunidade. Mas, nos últimos anos, a Igreja Evangélica vem se expandindo e crescendo cada vez mais na comunidade e isso pode ser comprovado pelos próprios professores, que dos 10 entrevistados, cinco são católicos e cinco evangélicos.

Os(As) professores(as) dividem seu tempo entre o trabalho, a família e as atividades religiosas. Por exemplo: todos os domingos, durante o ano, eles participam das celebrações religiosas nos cultos, rezas nos dias de semana e dos festejos da padroeira local — igreja católica — e das celebrações e eventos ocorridos na igreja evangélica.

É importante mencionar que durante o período em que estive envolvida com as atividades de pesquisa na comunidade, ocorreu os festejos de Nossa Senhora do Perpétuo Socorro — a padroeira da igreja católica na comunidade —, fato que marca a forte tradição da população local e o tempo social dos professores(as) envolvidos com as atividades dessa igreja, conforme visto na imagem a seguir:

Figura 5 – Círio Fluvial da Padroeira da Comunidade de Quianduba

Fonte: arquivo pessoal da autora (2015)

Dentre os diversos rituais e atividades desenvolvidas pela comunidade católica, destaco o dia da celebração do Círio da Padroeira como um dos momentos mais especiais para as pessoas e para toda comunidade. Todos os anos as famílias se preparam por semanas, tanto na organização familiar quanto na preparação do ambiente onde ocorre a festividade. O trabalho coletivo é muito visível, desde a preparação, arrumação e ornamentação do centro comunitário, da igreja, do arraial para a passagem da festividade e das homenagens à Nossa Senhora do Perpétuo Socorro, até o momento das celebrações que são muito animadas e alegres.

Nesse contexto religioso, a tradição e a oralidade dos mais velhos são essenciais para transmitir os valores, a crença, a devoção que é sempre ensinada a partir dos ritos e símbolos religiosos muito praticados nesse período. Na comunidade de Quianduba, esse é sempre um tempo de preparação, animação e de renovação da fé católica, e ainda são tempos de partilhar experiências, de experimentar a vivência comunitária e de celebrar as conquistas.

2. O contexto escolar

Figura 6 – Escola Nossa Senhora do Perpétuo Socorro

Fonte: arquivo pessoal da autora (2015)

A escola tem suas origens no início da década de 60, quando funcionava em casas particulares, com classes multisseriadas, sob a regência de professores leigos, muito comum na região amazônica. Por não ter um espaço apropriado para a escolarização dos filhos dos moradores, algumas famílias cediam suas casas para que os professores pudessem dar aula. Nesse período, havia muitas crianças fora da escola, não existiam programas sociais como Bolsa Família, Bolsa Escola, transporte e merenda escolar. Assim, a necessidade de ir à escola se fazia muito mais com o objetivo apenas de aprender a ler e escrever, como pode ser observado na narrativa a seguir:

> *Ah! Nesse tempo a escola num tinha importância, bastava só aprender a ler pa assinar o nome e aprender fazer conta, num carecia tanto estudo cumu é huje. Além disso tinha que trabalhar pa ajudar no sustento da casa, a família era muito grande e só o papai num dava conta. Era muita gente pa cumer e o papai dizia que estudar num dava futuro. Ruim era morrer de fome. Então quando era época do açaí ou de cortar a cana nós num ia pa escola porque tinha que ajudar o papai [...]. (NARRATIVA DO PAI 2).*

No início da década de 80, a comunidade conseguiu a construção de um prédio escolar, com duas salas de aula, cozinha, pátio e banheiros, que funcionava à margem esquerda do rio, com atendimento de três professoras que lecionavam no espaço e uma professora que ministrava aulas em sua própria residência. Porém, com pouco tempo, a estrutura do prédio começou a apresentar problemas e novamente a escola passou a funcionar nas casas de moradia das professoras. Isso permaneceu até o início da década de 90.

Em 1992, havia aumentado o número de crianças e adolescentes em idade escolar e duas professoras, das três que atendiam as crianças, mudaram-se para a sede do município. Nesse momento, a Igreja Católica vivia um intenso processo de organização, mobilização e formação de suas lideranças, por meio do movimento das

CEBs, sob a orientação da Teologia da Libertação. A comunidade católica de Quianduba conseguiu reunir suas lideranças na busca de novos professores para atenderem a população do lugar.

De acordo com as informações contidas no Projeto Político Pedagógico da escola, as CEBs, por intermédio de suas lideranças, passaram a organizar-se e mobilizar-se para reivindicar junto ao poder público municipal a contratação desses professores para atender as crianças da comunidade. Após várias viagens e reuniões à prefeitura, sede do poder público municipal, foram contratadas duas professoras, uma pela rede municipal e outra pela rede estadual, as quais foram lotadas nas escolas Tancredo Neves e Padre José Borghese, que funcionavam no Centro Comunitário Nossa Senhora do Perpétuo Socorro.

Em 1994, a escola havia crescido muito e novos professores foram contratados. Foram criadas as seguintes escolas: a Glória Pinheiro, que funcionava numa residência no Alto Quianduba; a Padre José Borghese, que funcionava numa residência no Igarapé Açú, um braço do Quianduba; a Bom Jesus, Tancredo Neves e a Nossa Senhora do Perpétuo Socorro funcionavam no Centro Comunitário. Essa geografia das escolas foi uma tentativa de atender a todas as crianças em idade escolar o mais próximo possível, pois deslocá-las para o centro comunitário era arriscado por conta da correnteza e das tempestades no período chuvoso. De modo que a cada novo(a) professor(a) contratado(a), criava-se uma "nova escola", onde este era lotado. Porém a escola só existia de nome e porque tinham professores e alunos, mas não havia prédio próprio.

Somente em 1997, após a CEB local mobilizar um grupo de moradores e lideranças, a comunidade conseguiu um prédio escolar, que foi construído ao lado da igreja católica, com duas salas de aula, cozinha, secretaria e banheiros. Nesse período, a Unidade Escolar funcionava nos turnos manhã, intermediário e noite. Com isso, as pequenas escolas que funcionavam em casas particulares sofrem o processo de nucleação.

Em 1998, devido ao crescimento no número de matrículas as várias escolas existentes na comunidade, foram nucleadas à Escola Nossa Senhora do Perpétuo Socorro, que já existia, mas atendia somente uma turma de educação infantil. Com essas alterações, a escola ganhou uma equipe gestora e, novamente, mediante mobilização e organização das lideranças da CEB local, a comunidade conseguiu a ampliação do prédio e melhorias na infraestrutura do ambiente escolar.

Em 2005, ocorreram as primeiras eleições diretas para diretor da unidade de ensino que já contava com um quadro significativo de funcionários e conselho escolar estruturado. Atualmente a escola possui uma boa infraestrutura, com oito salas de aula, laboratório de informática — que não funciona, pois os professores não possuem a formação mínima para utilizar os computadores — secretaria, sala de professores, direção, cozinha, pátio e brinquedoteca. Além desses espaços, ainda são utilizados o centro comunitário para reuniões e eventos da escola e o arraial comunitário para as atividades recreativas e lúdicas das crianças.

Nesse período, o quadro funcional era composto por 13 professores licenciados em Pedagogia, sendo que três atendem os alunos da Educação de Jovens e Adultos (EJA), uma coordenadora pedagógica com formação em Pedagogia, uma diretora também com formação em Pedagogia, uma secretária, uma assistente administrativo, dois vigias, oito serventes que também atendem às demandas do Cras Ribeirinho (Polo 7), onde são atendidos os alunos nos mais diversos projetos da Secretaria Municipal de Assistência Social (Semas), como Projovem, atividades de reforço da aprendizagem e atividades realizadas pela equipe psicossocial, que uma vez por semana realizavam atividades com os idosos, gestantes e famílias em situação de vulnerabilidade social. Além disso, a escola oferecia a seus alunos o atendimento no programa Mais Educação, no contraturno, que funcionava com as atividades de futebol, música, pintura e campos do conhecimento e envolviam as atividade de Matemática e Língua Portuguesa.

A Escola Nossa Senhora do Perpétuo Socorro atende, atualmente, alunos da educação infantil, creche (três anos) e pré--escola (quatro e cinco anos), ensino fundamental do 1º ao 5º ano e educação de jovens e adultos 1ª e 2ª etapas nos turnos manhã, tarde e noite. O atendimento às crianças da creche ocorre na própria escola no turno da manhã, em que a professora atua com 10 crianças desenvolvendo atividades psicomotoras, lúdicas e recreativas a partir de uma proposta pedagógica orientada pela Secretaria Municipal de Educação do Município de Abaetetuba (Semec).

3. A escola e o tempo/espaço da docência na comunidade de Quianduba

No contexto dos processos de formação e da própria profissionalização docente, é substantivo pensar os tempos/espaços da docência, enquanto lugar de construção, formação e transformação da identidade docente. Analisar as representações de professores(as) na Comunidade de Quianduba implica considerar o tempo/espaço em que a docência se materializa no cotidiano desses sujeitos.

Mas é preciso dizer que quando me refiro ao tempo/espaço da docência que se dissemina em vários outros tempos, estou falando do tempo de sala de aula, tempo do planejamento, tempo da avaliação e o tempo dedicado à docência fora do ambiente escolar. Podemos dizer que são tempos de ensinar e aprender que perpassam a vida dos professores.

3.1 O tempo de ensinar e aprender

A atividade docente insere-se na organização de um sistema escolar que tem sua cultura e dinâmica própria, na qual professores e alunos são elementos chaves da ação educativa, estabelecendo-se entre si ações formativas marcadas, entre outras coisas, por concepções sobre a sociedade, a família, a educação e a visão de homem e de mundo. A atividade docente, portanto, faz parte de um sistema complexo, representado pela escola, cujas relações entre professor e aluno não estão isoladas dos demais componentes e elementos da comunidade escolar. Sendo o sistema escolar um reflexo, ou subsistema, do macro contexto instituído pela sociedade que tem uma cultura educativa, o contexto da atividade pedagógica demarca um tempo/espaço de construção da identidade docente. Assim, a profissionalização docente se constitui como um processo de construção e consolidação das identidades docentes. Nesse processo, o profissionalismo[16] e a profissionalidade[17] se relacionam de forma dialética, enquanto dimensões constituintes da profissionalização (GAUTHIER, 2004).

A rotina docente na Comunidade de Quianduba inicia por volta das 6h da manhã, quando o rabeteiro[18] se dirige para os diversos braços, furos e igarapés existentes na comunidade em busca dos alunos. Entre os diversos braços, igarapés e furos existentes na comunidade, a escola recebe crianças e adolescentes do Furo Efigênia, que fica ao lado da igreja católica, bem em frente ao Centro de Referência da Assistência Social (Cras Ribeirinho do Polo 7).

Figura 7 – Furo Efigênia

Fonte: arquivo pessoal da autora (2015)

---

[16] Relativo ao ser professor(a).
[17] Relativo aos saberes e competências da profissão.
[18] Assim chamada pelos moradores locais a pessoa que faz o transporte escolar dos alunos, em rabetas, para as escolas da comunidade.

Os moradores desse furo têm horário determinado para entrar e sair. Como não existem pontes — apesar de a comunidade estar localizada numa área de assentamento do Incra, onde está previsto a melhoria das condições de infraestrutura da ilha e, consequentemente, das famílias assentadas —, prevê-se a construção de pontes para facilitar o escoamento da produção e melhoria das condições de tráfego de produtos e pessoas. Porém, esses moradores ainda dependem dos horários da maré cheia para se locomoverem a outras partes do rio, para chegar à escola e para ir à sede do município.

Mas as narrativas trazidas pela pesquisa apontam certa peculiaridade no atendimento escolar das crianças e adolescentes que residem no Furo Efigênia.

> [...] *sabemos que tem dias na semana que eles não podem vir no horário da turma, então a gente se prepara pra recebê-los nos horários em que a maré dá pra eles virem. Eles participam da aula e agente repassa a frequência pros outros Professores. Infelizmente, ou felizmente, essa é a nossa realidade, e não há nada que possamos fazer a não ser adequar o tempo que a maré tá cheia pra que eles venham pra escola* [...]. (NARRATIVA DA PROFESSORA 4).

Esses alunos têm um tempo específico para estudar, num horário determinado, um tempo que também influencia no tempo da docência. Há uma cumplicidade e flexibilidade entre os professores e a equipe escolar, assim como há uma sensibilidade na adequação do tempo no atendimento desses alunos. Esses tempos da docência ribeirinha possuem especificidades que estão diretamente relacionadas ao tempo da natureza, com os tempos do rio. Há uma relação intrínseca entre os marcadores de tempo da comunidade e as atividades pedagógicas desenvolvidas durante o ano letivo, ou seja, o calendário de atividades escolares.

A atividade docente passa a ser um trabalho solidário, compartilhado entre seus pares, mas também é uma atividade incompleta e que, pela sua incompletude, vai se completando em relação ao outro, na ação com e para o outro, por meio de relações solidárias e de reconhecimento das necessidades específicas dos membros da comunidade escolar. Assim, o tempo de aprender é perpassado pelo tempo de ensinar, que por sua vez, é influenciado pelo tempo das marés e da mata.

A temporalidade das atividades docentes é influenciada pelo tempo do rio, da subida e descida das marés, das épocas de extração do açaí e dos períodos de correntezas e fortes chuvas que ocorrem na comunidade entre os meses de fevereiro a maio.

Mas mesmo apresentando certa flexibilidade, a estrutura, rígida e linear do tempo escolar, na Escola Nossa Senhora do Perpétuo Socorro, implica certas restrições à autonomia da atividade docente, no currículo, nas relações interpessoais e na própria qualidade do atendimento educacional. Embora a flexibilização do tempo deva considerar os interesses de professores, pais e funcionários, não deve menosprezar os alunos, em seus tempos psicológicos, emocionais, afetivos, e principalmente, nos tempos em que as crianças e adolescentes deixam de frequentar as aulas para ajudarem os pais no trabalho de extração do açaí, pois se trata de um tempo de garantir a sobrevivência familiar.

Pude constatar que justamente no período da safra do açaí — entre os meses de agosto a novembro — os índices de frequência diminuem e geralmente são as crianças que vão com os pais para a mata "apanhar" o açaí. Nesse caso, a escola ainda não conseguiu desenvolver meios e processos que ataquem essa problemática, que está relacionada aos meios de sobrevivência na comunidade. Como podemos observar nesta narrativa:

> [...] *quando chega a safra do açaí tem muitos alunos que não vem pra escola, eles faltam muito e alguns até abandonam a escola por causa que vão apanhar açaí, principalmente os meninos, às vezes vai a família inteira. Então isso dificulta o nosso trabalho aqui na escola.* (SAP 3).

O tempo da escola, mesmo apresentando sinais de ruptura com o tempo rígido e imposto pelo calendário escolar oficial, ainda é orientado pela lógica de um padrão que segue o modelo das escolas dos centros urbanos. O calendário de dias letivos adotado na Escola Nossa Senhora do Perpétuo Socorro é o mesmo que todas as escolas da rede municipal de Abaetetuba utilizam como referência para marcar os tempos de ensinar-aprender e aprender-ensinar.

No que se refere aos tempos da docência na Comunidade de Quianduba, os(as) professores(as) carregam consigo as marcas e os elementos que materializam a atividade docente. Esses tempos são atravessados por inúmeros outros tempos desses sujeitos, uma vez que não há como separar os tempos da docência dos tempos ligados à vida pessoal e familiar.

> [...] os tempos de escola invadem todos os outros tempos. Levamos para casa as provas e os cadernos, o material didático e a preparação das aulas. Carregamos angústias e sonhos da escola para casa e de casa para a escola. Não damos conta de separar esses tempos porque ser professoras e professores faz parte de nossa vida pessoal. É outro nós. (ARROYO, 2013, p. 27).

Professores carregam consigo os tempos, os saberes e fazeres do trabalho docente, suas vidas são atravessadas por essas marcas que constituem seu cotidiano, e perpassam o "eu" pessoal e profissional. Outros tempos e lugares são ocupados com o fazer docente, como comprova a narrativa a seguir:

> [...] *eu vou pra casa e não consigo me desligar porque tem cadernos dos alunos pra fazer, corrigir, tem plano de aula pra organizar, tem algum assunto pra pesquisar. A minha bolsa vai cheia, então parte da escola vai comigo pra casa. Às vezes fico até tarde preparando material, fazendo cartazes, jogos pros meus alunos* [...] *o meu tempo da casa é dividido com o meu tempo da escola, não há como separar isso. Assim como os nossos problemas pessoais, você não consegue deixar atrás da porta da sala de aula, por mais que você queira, fazer isso é impossível* [...]. (PROFESSORA 10).

Além disso, há ainda outros fatores que incidem sobre os tempos de ensinar (a)prender na Comunidade de Quianduba. Por exemplo, a quantidade de alunos nas salas de aula, a organização e distribuição dos alunos nas turmas — são objeto de discussões, regulamentação e negociações — a jornada semanal de atividades, carga horária diária de trabalho, uma vez que isso, juntamente dos salários pagos aos professores constituem os parâmetros que estipulam os gastos com a educação e interferem diretamente na produção e constituição dos tempos da docência ribeirinha.

Não há um tempo/espaço específico de "Ser" professor(a), há uma extensão da escola para casa, as dinâmicas da sala de aula acompanham a vida dos professores em seus tempos e lugares. Em um dos dias de observação na escola, constatei que parte da escola, ou seja, dos fazeres pedagógicos acompanham os (as) professores(as) no caminho de volta para casa. A professora carrega consigo toda a tensão, as experiências, as expectativas, as conquistas e retrocessos daquele dia de trabalho. Ela diz:

> *Quando saímos da escola, não adianta, ela vai com a gente pra casa. Minha sacola vai cheia de cadernos, deveres, atividades para corrigir, a aula de amanhã que preciso planejar, o diário de classe que preciso preencher, as fichas dos alunos para fazer os registros. Tudo isso eu faço em casa.* (NARRATIVA DA PROFESSORA 9).

O tempo/espaço da docência na Comunidade de Quianduba não está circunscrito apenas nas paredes da sala de aula, por mais que esta se constitua como espaço/local de materialidade efetiva dessa atividade. Mas os elementos que tornam possível sua concretude estão para além dos muros da escola. Eles ganham espaço em outros tempos e lugares.

O pessoal e o profissional invadem os tempos/espaços dos sujeitos, são professores e professoras, ao mesmo tempo pai, mãe, membro de um sindicato, membro de uma igreja, amigo (a), são identidades impregnadas de sentido e significado que vão se agregando e tornando a um só tempo personagens e autores de suas próprias histórias, como na análise de Ciampa (2001). Somos representantes de diversos papéis sociais, assim como somos construtores das relações estabelecidas no meio social. E a escola, enquanto instituição social, também possui mecanismos e estruturas que ultrapassam as fronteiras do profissional e do pessoal que invadem os tempos/espaços do eu e do nós.

Verifico que o tempo/espaço da docência na Comunidade de Quianduba é marcado pelos tempos do lugar. As marés determinam a hora da sala de aula, os tempos de ensinar, assim como os tempos de aprender. Para os alunos que residem no Furo Efigênia, há períodos de ir à escola pela manhã e há períodos de ir à escola à tarde, e essa é uma questão que a escola consegue administrar a partir do trabalho coletivo que é desenvolvido pela equipe de profissionais da instituição.

Para Oliveira (2008, p. 44),

> [...] é notória a forte relação entre "o tempo social e individual entrecruzado com o tempo da natureza" (idem), ou seja, essas populações sustentam-se nos saberes sobre o tempo, as marés, os igarapés, a terra, a mata, o período de chuva e sol, para explicar suas práticas, técnicas e racionalidade produtiva.

O tempo/espaço da docência na comunidade ribeirinha de Quianduba ocorre também a partir das reuniões de pais, que são muito frequentes do plantão pedagógico realizado semestralmente na escola e das visitas domiciliares realizadas pela equipe escolar.

Importa mencionar que quando faço referência ao tempo/espaço da docência, estou falando tanto dos tempos em que atividade docente se concretiza quanto dos diversos espaços/lugares em que ela ocorre. Compreendo que a atividade docente é múltipla, e que o tempo docente é plural, complexo e idiossincrásico para cada professor(a). O tempo docente, assim como o espaço, não deve ser compreendido como uma simples abstração no qual se desenvolvem as ações profissionais dos professores, uma vez que elas não se dão ao longo de uma duração de tempo cronometrado, já que é na própria atividade docente que o tempo/espaço da docência se constitui e se institui como um tempo capaz de ser percebido e de ter sentido aos seus atores, os próprios professores (NETO, 2000).

A noção de tempo/espaço docente é complexa porque remete a diversos fenômenos, contextos, situações e lugares, dos quais, muitos não são quantificáveis. O tempo docente se relaciona com a dinâmica da organização do trabalho docente, com as disposições temporais e espaciais das diversas e complexas tarefas que os(as) professores(as) da Escola Nossa Senhora do Perpétuo Socorro realizam, dentro e fora do contexto escolar, como parte de sua atividade profissional.

Ao vivenciar a rotina do cotidiano escolar, participei da realização do plantão pedagógico na escola, um momento que exige planejamento, organização, mobilização e envolvimento de toda a equipe escolar. O primeiro plantão pedagógico ocorreu no mês de maio e fazia parte das atividades do calendário escolar. Constitui-se no encontro de pais e professores com o objetivo de discutir e avaliar o desenvolvimento da aprendizagem dos alunos, buscar alternativas e sugestões para superar as dificuldades, tomando como referência as observações sobre os alunos, que são registradas pelos professores no caderno de registro. Durante o encontro, essas informações são socializadas com os pais. Por outro lado, os pais também expressam suas opiniões acerca do conhecimento que têm de seus filhos fora dos muros da escola, falam de seu comportamento, da rotina em casa, das impressões e visões sobre suas condutas.

Ao falar desse momento, os profissionais da escola demonstram um grande entusiasmo, pois reconhecem a importância do envolvimento e da aproximação entre a escola e a família. É uma espécie de termômetro, mas também foi um mecanismo que a escola encontrou para aproximar as famílias do cotidiano da aprendizagem dos alunos, uma vez que, de acordo com a equipe gestora, muitas famílias não participavam das reuniões, porque predominava na comunidade a ideia de que estudar não dava futuro, não colocava comida na mesa, como expressam as narrativas a seguir:

> [...] *e assim uma vez o papai falou: – Tu queres estudar? então trabalha, estudo não dá futuro pra ninguém. Tem que aprender a fazer alguma coisa, tem que trabalhar* [...]. (PROFESSORA 4).

> [...] *muitos dos nossos pais não incentivavam os filhos pra estudar* [...]. (PROFESSOR 3).

O trabalho docente era assim visto na comunidade como um tempo perdido, um tempo desnecessário que não garantia a sobrevivência das pessoas. Para muitos dos nossos antigos[19], o(a) professor(a) deveria apenas ensinar a ler, escrever e contar. Era suficiente aprender a assinar o nome e fazer "conta". Com o passar do tempo e com o trabalho de sensibilização das famílias para a importância da educação, a Escola Nossa Senhora do Perpétuo Socorro passou a viver novas experiências. O plantão pedagógico, como exemplo, é um tempo de aprendizagens, de troca de informações, de estreitamento de laços de amizade e companheirismo, em que pais e professores falam dos avanços e dificuldades e estabelecem parcerias para superá-las.

Os tempos/espaços da docência são sempre tempos/espaços coletivos, compartilhados e negociados. Os laços construídos na cotidianidade da docência, as condições econômicas, sociais, culturais e geográficas impõem restrições à liberdade de fazer do tempo uma variável individual. Os tempos/espaços da docência na Comunidade de Quianduba estão presentes tanto interior quanto exteriormente ao espaço escolar. Os(As) professores(as), no contexto da atividade docente, experimentam e constroem os significados do tempo docente de forma diferente. As tarefas do fazer docente não se limitam somente ao espaço escolar, essas atividades acompanham os(as) professores(as) cotidianamente.

O tempo/espaço da docência na Comunidade de Quianduba se revela entre as tensões e especificidades do ambiente escolar como preparação das aulas, organização de atividades pedagógicas, estruturação de material didático, preparação, organização e correção de trabalhos, provas, preenchimento de fichas de acompanhamento

---

[19] Expressão usada para fazer referência aos parentes antepassados.

dos alunos, relatórios, diários de classe, caderno de registro e tantas outras atribuições e, ao mesmo tempo, participação nas reuniões de pais e mestres, período de planejamento, participação nas horas pedagógicas, preparação dos eventos anuais que fazem parte do calendário escolar. Tudo isso, exatamente em tempos que deveriam ser destinados à formação pedagógica, ao lazer, ao descanso e ao convívio familiar e social, recebendo, para isso, uma justa remuneração de "hora atividade"[20], o que não é realidade na vivência e na prática docente desses(as) professores(as) que continuam entrecruzando seus tempos de escola com rotinas e atividades curriculares muito rígidas em relação aos tempos do rio e da mata.

A escola, mesmo tendo conhecimento da possibilidade de ajustar os tempos de ensinar e aprender, não o faz. O calendário do ano letivo é padronizado pela Secretaria Municipal de Educação e permanece obedecendo a um tempo rígido desconectado das necessidades e da própria realidade de seus sujeitos, desconsiderando as práticas sociais locais, os tempos da natureza (do rio e da mata) e as condições da garantia de sobrevivência das famílias que dependem da ajuda dos filhos no período da safra do açaí, posto que é nessa época que a escola registra o maior índice de baixa frequência nas atividades curriculares.

4. A profissão docente na comunidade de Quianduba: escolha ou necessidade?

A profissão docente na Comunidade de Quianduba aparece na maioria das narrativas como um caminho imposto pelas necessidades de garantia de sobrevivência e sustento de muitas famílias. Até por meados dos anos 90, o número de professores(as) na comunidade era reduzido, mas com o aumento acelerado da população, o quantitativo desses profissionais tem aumentado.

---

[20] Tempo reservado ao professor em exercício de docência cumprido na escola ou fora dela, para estudo, planejamento, avaliação do trabalho didático, reunião, articulação com a comunidade e outras atividades de caráter pedagógico. Na rede pública do município de Abaetetuba, a hora atividade ainda não está regulamentada.

Ao analisar o quadro de Servidores da Emeif Nossa Senhora do Perpétuo Socorro, observo que há um número considerável de servidores públicos só nessa instituição, já que também existe outra escola na comunidade que atende desde a educação infantil até o ensino médio em que esse número triplica. Isso me leva a considerar que, com a decadência das olarias, o serviço público é responsável pela renda de inúmeras famílias, ao acrescentar os servidores da saúde e dos programas e projetos sociais que funcionam no CRAS da comunidade, esse número é ainda bem maior.

As narrativas revelam que a profissão docente, para a maioria dos participantes da pesquisa, caracteriza-se como meio de sobrevivência, oportunidade de emprego rápido e fácil, na maioria dos casos, ser professor(a) foi a única maneira para ingressar no mercado de trabalho:

> [...] *a principal razão, foi a oportunidade, porque não tinha assim... as outras áreas eram mais difíceis da gente arrumar emprego, o magistério não, tinha assim uma... uma gama de oportunidade, que não se tinha tantos Professores formados. Tanto é que nessa época tinham muitos Professores leigos, então eu vi ali uma oportunidade de... emprego também.* (NARRATIVA DA PROFESSORA 1).

Porém outros(as) professores(as) foram influenciados a trilhar os caminhos da docência pela convivência com outros professores, como é o caso expresso na narrativa a seguir. A professora relatou que, até o final da década de 90, as crianças da comunidade paravam de estudar na 4ª série porque não havia condições favoráveis para o atendimento dos anos seguintes. Logo, a maioria das crianças e adolescentes interrompia os estudos uma vez que suas famílias não tinham condições de mandar para a cidade. Nesse caso, a narradora foi uma das poucas a ir residir e estudar na cidade. Para isso, foi trabalhar em "casa de família" como empregada doméstica. Trabalhava na casa de uma professora e por isso nos conta que foi muito influenciada pelo cotidiano da docência de sua patroa. Diariamente se via envolvida com os tempos e fazeres docentes que permeavam a vivência no local onde trabalhava e morava.

> [...] *quando eu estudava, devido eu morar com uma Professora, foi ela que escolheu, porque tinha ciências exatas, é... administração, aí quando a gente chegava no..., era no terceiro ano, no segundo, no primeiro ano, tinha que escolher, né. É, tinha que escolher, aí ela chegou e falou assim pra mim: Tu vai fazer magistério, porque é onde dá emprego. Onde dá oportunidade da pessoa trabalhar [...].* (NARRATIVA DA PROFESSORA 2).

Outra característica interessante que surgiu durante a conversa sobre a escolha da docência foi a falta de opção por outros cursos. A universidade era algo inalcançável, estava longe de ser uma realidade para as pessoas da Comunidade de Quianduba. O ensino médio só existia nas escolas da cidade, chegando a essas comunidades apenas no ano de 1996, com a implantação do Sistema de Organização Modular de Ensino (Some) em nove comunidades das Ilhas de Abaetetuba. Mas, mesmo assim, era muito difícil, porque esse atendimento era feito em localidades polo e o deslocamento dos alunos, principalmente no período de inverno, chegava a ser sacrificante por conta das fortes correntezas, do remar contra a maré, das chuvas constantes na região e da própria precariedade do atendimento desses alunos, que estudavam em barracões improvisados, quase sem merenda, sem transporte escolar, sem material didático e tantos outros desafios. No dizer de um dos professores que também cursou o ensino médio no Some:

> *Também a gente sabe que naquela época era difícil pra gente terminar o ensino médio e ingressar na universidade. Então agente..., agente optou pelo magistério, porque a gente sabia que fazendo magistério agente teria uma chance de conseguir um emprego na educação, era mais fácil.* (NARRATIVA DO PROFESSOR 3).

Ser professor na Comunidade de Quianduba não foi uma escolha para essa professora. Foi a única possibilidade de conseguir um trabalho nem tão penoso, como a maioria dos jovens da Comunidade que nas primeiras horas da manhã já estão nas prensas[21], como eles mesmo dizem "fazendo telha", um trabalho digno mas muito pesado e arriscado por conta do processo de fabricação, armazenamento e beneficiamento dos artefatos de argila. Tomado como rota de fuga da longa jornada e das péssimas condições de trabalho nas olarias — onde também havia mulheres trabalhando — o magistério foi a única saída para livrar-se do destino comum a muitos jovens, crianças e adolescentes da comunidade.

Para esta outra professora, a escolha da profissão se deu também pela análise que ela fez das condições e possibilidades de trabalho. Ela diz:

> Eu, na verdade, foi uma questão assim de... querer fazer uma diferença na minha família, porque nenhum dos meus irmãos conseguiram terminar os estudos. E..., assim uma vez o papai falou: – Tu queres estudar? então trabalha, estudo não dá futuro pra ninguém. Tem que aprender a fazer alguma coisa, tem que trabalhar. E eu via assim que eu não queria nenhum daqueles trabalhos, porque eu via que eles passavam muita dificuldade. Eu queria fazer uma diferença, que um dia também, talvez, pudesse tá ajudando, né, a minha família, como hoje com o meu trabalho eu consigo ajudar [...]. (NARRATIVA DA PROFESSORA 4).

Nesse cenário, a escolha da profissão foi muito mais motivada pela vontade de provar a importância da educação para seus pais, o que na época não era valorizada na comunidade, e que havia outro caminho para conseguir trabalho e ter uma vida digna. Então, nesse caso, foi uma escolha. Até mesmo porque, assim como outros professores, esta já possuía experiência de trabalho na igreja com crianças e adolescentes e seus relatos traduzem a vontade de ser professora. Uma escolha despertada tanto pelo trabalho social na igreja quanto pela análise das condições de trabalho ofertadas na comunidade.

---

[21] Máquina utilizada nas olarias para fabricar as telhas.

Dos 10 professores entrevistados, apenas dois relatam que ser professor foi uma escolha pessoal. Os demais são unânimes em dizer que foi a única maneira de conseguir trabalho fácil, rápido e sem a exigência de uma escolaridade maior. Todos esses professores, ao iniciarem sua carreira, possuíam apenas o ensino médio. Entretanto vale dizer que atualmente todos possuem licenciatura, isso significa que, mesmo o magistério não tendo sido uma escolha, mas uma vez atuando como professores, esses sujeitos investiram em sua formação e optaram por construir carreira e se firmar na profissão. Nesse processo, foram construindo e (trans)formando suas identidades e se autorrepresentando como professores. A vivência da docência produziu uma identificação com a profissão, e as experiências, que viviam todos os dias em sala de aula, nos cursos de formação, nas reuniões com seus pares e com a comunidade escolar, fizeram com que a docência deixasse de ser uma opção forçada para se tornar uma atividade significativa para todos na comunidade.

5. O significado da atividade docente para a comunidade de Quianduba: escolha ou necessidade?

Arroyo (2013) lembra-nos que o ofício de mestre continua sendo de grande valor, considerando que a educação não pode acontecer sem a presença dos professores. Seu ofício não pode ser descartado, somente eles têm condições de decidir sobre a arte de ensinar e de educar, tão necessária atualmente.

Essa afirmação trazida pelo autor pode ser observada no cotidiano da docência na Comunidade de Quianduba quando verifico que os processos de produção de significados e sentidos do trabalho docente são atravessados por representações que destacam o caráter afetivo dos (as) professores (as). Para os(as) alunos(as), o(a) professor(a) não se trata simplesmente de alguém que está ali (na sala de aula) como um figurante interpretando um papel, eles/elas são presença viva e marcante no cotidiano dessas crianças. O(A) professor(a) é referência, enquanto pessoa e profissional, ainda é uma figura exponencial para a comunidade, que assume um status, até mesmo como liderança, como neste caso, vários sujeitos pesquisados que são professores(as) e assumem outras funções como líderes de grupos nas igrejas e associações presentes na localidade. Essas figuras ganharam destaque e prestígio, são respeitados e muito bem conceituados pelo trabalho que desempenham. *"Eu vejo os Professores daqui como pessoas muito especiais. Eles têm compromisso com nossos filhos, são responsáveis, e a maneira como eles ensino, meus filhos têm aprendido [...]"* (NARRATIVA DO PAI 10).

Para as crianças da Comunidade de Quianduba, o(a) professor(a) é alguém que marca suas vidas, que compartilha histórias e experiências, que mora no mesmo rio, que participa e divide os mesmos espaços sociais na comunidade, que conhece a vivência, que todos os dias percorre os mesmos caminhos;

> [...] *a gente conhece os nossos professores, eles moro aqui, a minha mora bem ali, sempre quando eu passo na casa dela eu grito, quando ele me enxerga ela vem fala comigo. Ela é muito carinhosa, atenciosa, gosta de ensinar o que nós num sabe. E quando eu chego em casa eu brinco de ser Professora porque eu quero ser igual a minha Professora* [...]. (NARRATIVA DA ALUNA 7).

É no cotidiano da sala de aula que professores e alunos materializam e dividem experiências e práticas que estão para além das páginas do livro didático, da grade curricular, dos manuais e programas instituídos no ambiente escolar. Eles aprendem e ensinam lições sobre fraternidade, solidariedade, partilha, comunhão e, principalmente, sobre humanidade. Lições que marcam suas histórias e reforçam a visão que os pais, alunos e servidores de apoio pedagógico têm sobre a importância e o significado do trabalho do(a) professor(a) na comunidade.

> *Eu acho que o nosso trabalho também, ele não deixa de ser um trabalho social, porque além da gente trabalhar o aluno, a gente trabalha as famílias, [...] tanto é que, falece alguém no rio, geralmente não tem aula na nossa escola porque a gente toma essa dor pra gente. Se tem*

> *alguém, uma família que aconteceu algum acidente, alguma coisa, a escola se reúne faz uma cesta básica vai visitar, leva. Eu acho que tudo passa por nós [...] então eu acho que na nossa escola, o nosso papel tem sido muito importante pra nossa comunidade.* (NARRATIVA DA PROFESSORA 4).

A representação que os alunos, pais e demais membros da comunidade escolar fazem dos(as) professores(as) em Quianduba é explicada pela Psicologia Social como uma construção coletiva que se dá na relação com os "outros". É na relação com esses outros "eus", diferentes de si e entre si, que o sujeito se reconhece enquanto um outro "eu". Logo, o processo que envolve a formação e transformação das identidades, envolve uma pluralidade de ações de acordo com os papéis que exercem e o comprometimento com o contexto sociocultural em que vivem. Dessa forma, o indivíduo age de determinado modo em um ambiente social e de forma diferente em outro. Isso não ocorre por inautenticidade, mas porque somos um e somos muitos, assim como o "Severino" de Ciampa (2001), a representação dos(as) professores(as) vai se construindo pelas severinidades das experiências pessoais e coletivas, em que estão imbricadas as relações com o trabalho docente. O ambiente, o contexto, as rotinas, a trajetória profissional e o fazer pedagógico na Escola Nossa Senhora do Perpétuo Socorro narram as representações de professores(as) a partir das diferentes posições assumidas pelos sujeitos envolvidos nesse processo.

> *[...] é porque ele prepara as crianças pra ser bons cidadãos, não só na sociedade mas no nosso país inteiro né, então que seria das pessoas se num tivesse Professor, né? Não teria Professor, porque se não ensinar né, não chegaria a ser Professor. Então eles são uma parte básica mesmo, uma coisa muito importante que nós dependemos, nem só as crianças, mas nós também, que eles venho né pra escola pra pegar o ensinamento e expandir na sociedade.* (NARRATIVA DA SAP 3).

O trabalho docente marca o cotidiano da Comunidade, não apenas porque os /as professores(as) são competentes e responsáveis, mas também porque há uma cobrança pontual dos pais sobre o desempenho da aprendizagem dos filhos. Uma característica importante, que na verdade tornou-se uma prática significativa para o processo educacional, é a participação das famílias na escola. As reuniões de pais e mestres são constantes e ocorrem bimestralmente com a presença da maioria dos pais. Aos poucos que não "aparecem" na escola, a equipe pedagógica realiza as visitas domiciliares para tentar sensibilizá-los da necessidade de acompanhar o processo educacional dos filhos, além de outras estratégias, como a assinatura da frequência do Bolsa Família, que é encaminhada para a Secretaria de Assistência Social do Município (Semas), que ocorre de forma coletiva na escola. Nesse momento, os pais recebem orientações e as informações cabíveis ao acompanhamento da frequência das crianças à escola. São medidas que visam estreitar as relações entre escola e família.

É importante frisar que das reuniões presenciadas, observei que estas têm se constituído como referência para avaliar e planejar os rumos da educação na comunidade. Muito do que é dito na reunião de pais retorna ao palco das discussões no âmbito escolar durante a hora pedagógica, como forma de repensar práticas, posturas e atitudes que passam a ser avaliadas a partir do que foi questionado, cobrado e até sugerido pelos pais.

As discussões e conflitos também fazem parte da rotina das reuniões na Escola Nossa Senhora do Perpétuo Socorro, uma vez que os pais têm um olhar específico sobre a escola e suas ações. É a visão sob a ótica de sujeitos que acompanham e analisam o processo educacional dos filhos. Constatei que nesse momento indivíduos que assumem diferentes lugares se colocam frente a frente, pais e professores, cada qual representando um papel, como na história do Severino e da Severina, ambos sofridos e marcados pelas agruras de seu cotidiano, mas sempre buscando uma outra representação de si, que também perpassa pelos lugares onde estão circunscritas suas práticas sociais. Na reunião da escola, pais e professores, que no cotidiano de vivência comunitária, são vizinhos, conhecidos, parentes, ambos assumem papéis e ocupam posições diferentes de acordo com o contexto no qual são colocados e representados.

6. As representações de professores(as) em narrativas ribeirinhas na comunidade de Quianduba

> O ofício que carregamos tem uma construção social, cultural e política que está amassada com materiais, com interesses que extrapolam a escola. São esses traços que configuram esse coletivo, essa função de mestre de escola. (ARROYO, 2013, p. 35).

As representações de professor(a) construídas nas e pelas narrativas ribeirinhas levam a percepção de uma multiplicidade de identidades formadas e transformadas no cotidiano do trabalho docente, da família, do lazer, dos eventos sociais, sendo este o foco principal de análise desta abordagem. Das narrativas emergem discursos que possibilitam a constituição de diversas representações de professor(a) na Comunidade de Quianduba, identidades que são sempre "coletivas" e "individuais," pessoais e profissionais.

As identidades docentes carregam o contexto da coletividade, do domínio coletivo de saberes e de fazeres, de passagem por rituais e momentos idênticos de formação, titulação, seleção e concursos, de tempos de entrada na profissão e de outros tempos de aprendizagens de como estar sendo professor(a). São tempos de produção de si na relação com os "outros".

> [...] somos professores(as). Representamos um papel, uma imagem social, que carrega traços muito marcantes e muito misturados. Incômodos. A resposta à pergunta quem somos está colada à como foi-se constituindo a imagem social do magistério. (ARROYO, 2013, p. 28).

Diferentemente da imagem histórica e social — que também é uma representação, construída sobre o(a) professor(a), que era ou ainda é visto(a) como "aquele(a) que dá aulas", associando essa representação a uma sensação de desvalorização, ocultando o papel de profissional e fortalecendo a ideia de que se seu papel é "dar aulas", portanto uma atividade não remunerada —, para as crianças, adolescentes e pais da Comunidade de Quianduba o(a) professor(a) continua sendo uma figura de referência local, de quem eles lembram e referem-se pelos traços da personalidade, pelas impressões passadas pelos filhos aos pais, pelo jeito de conduzir as atividades em sala de aula, tanto de forma positiva quanto negativa, como lembra a narrativa da aluna 1 "[...] *aquela que gritava muito"*. A fala narra a maneira como a professora foi representada pela aluna, a partir de uma característica marcante de sua personalidade.

As crianças percebem e avaliam a atuação do(a) professor(a), sabem expressar com palavras, gestos e emoções a sua visão sobre seus professores. O diálogo com o grupo de alunos foi o mais dinâmico e espontâneo vivido no decorrer da atividade de pesquisa. Os relatos vinham seguidos de risos, expressões que conotavam saudade de um/uma professor(a), que foi lembrado(a) naquele momento, gestos e expressões faciais que falavam muito mais do que as palavras.

Pude constatar que, para o grupo de crianças, é evidente a importância do trabalho e das lições aprendidas com os professores. De modo geral, os(as) alunos(as) reconhecem o papel social dos(as) professores(as) como sujeitos imprescindíveis ao cotidiano educacional na comunidade, para além de professores(as), são pessoas, com as quais compartilham experiências, saberes e tempos, que nem sempre são de bonanças, mas também, tempos de enfrentamento a outros tempos difíceis, tanto na escola, como no contexto comunitário.

6.1 A representação de professor(a) pelas relações afetivas na sala de aula

Conforme a análise das narrativas e das observações realizadas durante o contato com o grupo de alunos e professores da educação infantil e primeiros anos do ensino fundamental da Escola Nossa Senhora do Perpétuo Socorro na Comunidade de Quianduba, os processos de representação de professores(as) apresentam aspectos relevantes que ajudam a pensar as representações de professores construídas e veiculadas na e pela oralidade ribeirinha:

> [...] *então eu vejo assim não só como Professor, mas eles são amigos das crianças, eles são carinhosos, claro que na hora que tem que chamar atenção de um pai ou uma mãe, eles vão chamar, não porque eles são... por exemplo eu seja amiga de alguns deles que eles vão passar a mão na cabeça da minha filha, não, eu não vou chamar a tua mãe. Não, tem que chamar sim. Então tem pais que não gostam, aí já acham que o Professor é chato, o Professor é isso, não, mas na verdade, todos são responsáveis, são competentes, mas assim, eu gosto da maneira deles porque eles sabem ouvir, entendeu? Se por exemplo eu for dizer alguma coisa pra algum deles, uma opinião minha, um conselho, embora eu seja uma Servente, mas eu faço parte da escola, eles me ouvem e muitas das vezes eles fazem aquilo que eu tô opinando pra eles, então eles são humildes, entendeu, não é porque eles são Professores que ah, não, eu sou o tal. Então o jeito deles é esse e eu admiro.* (NARRATIVA DA SAP 5).

Os sujeitos representam o(a) professor(a) a partir das relações afetivas presentes na prática pedagógica e na própria vivência no cotidiano escolar. Palavras como "legal", "importante", "paciente", "amiga", "carinhosa" são muito presentes na oralidade local. Os(As) servidores(as) de Apoio Pedagógico expressam uma representação que ressalta o(a) professor(a) como um profissional responsável e competente em seu fazer pedagógico. Nesse caso, é pelo trabalho docente que os(as) professores(as) são analisados por seus pares. Essas representações de professores(as) são ideias, imagens, concepções de mundo que os demais atores sociais da Comunidade de Quianduba possuem sobre os docentes, e estão ligadas às práticas sociais de seus saberes e fazeres profissionais que se materializam no chão da sala de aula.

Nessa narrativa, observa-se que as formas de relacionamento estabelecidas no convívio coletivo com outros profissionais que atuam no ambiente escolar marcam o processo de representação dos (as) professores(as). De modo que cada grupo social elabora representações de acordo com a posição que ocupam no seio da comunidade, essas representações emergem de interesses específicos, olhares pontuais e da própria dinâmica de organização e vivências do cotidiano desses sujeitos. As crianças, por exemplo, expressaram de maneira própria e com muita facilidade a representação que elas têm de seus professores(as). Essa representação surge a partir da convivência estabelecida em sala de aula. O(A) professor(a) é visto pelos(as) alunos(as), como:

> O meu professor é legal, eu gosto muito dele. (NARRATIVA DO ALUNO 9).
>
> O meu professor é importante para mim. (NARRATIVA DA ALUNA 4).
>
> A professora é minha amiga. (NARRATIVA DO ALUNO 6).
>
> Eles nos ajudam. (NARRATIVA DA ALUNA 1).
>
> Eles têm paciência. (NARRATIVA DA ALUNA 3).

As narrativas infantis mostram que cada aluno ressaltou um aspecto relevante na personalidade do(a) professor(a) que, primeiro, é uma pessoa, e enquanto pessoa, sendo professor(a) possui características específicas. Cada aluno(a) demonstrou preferências por determinado docente. Essa opção por um ou outro professor(a) aparece atrelada às relações afetivas — que permeiam o processo ensino aprendizagem — pelos gestos de carinho, acolhimento, dedicação e reconhecimento da figura do(a) professor(a) em outros espaços sociais da Comunidade. Mas também sabem discernir entre seus preferidos, ou seja, aqueles(as) que marcaram positivamente na sala de aula, assim como os que são lembrados, nas narrativas, como "*aquela que gritava muito*" (NARRATIVA DA ALUNA 1).

Arroyo ressalta que:

> [...] o ofício de mestre faz parte de um imaginário onde se cruzam traços sociais afetivos, religiosos, culturais, ainda que secularizados. A identidade de trabalhadores e de profissionais não consegue apagar esses traços de uma imagem social, construída historicamente. Onde todos esses fios se entrecruzam. Tudo isso sou. Resultei de tudo. (ARROYO, 2013, p. 33).

Essa representação é parte da constituição da individualidade e da singularidade dos sujeitos, que parte das relações sociais num processo que envolve elementos que se convergem e divergem, aproximando e afastando os homens uns dos outros, (de)marcando suas histórias e vivências num contexto e tempo específicos.

De acordo com a perspectiva assumida por Wallon (1979), não há aprendizagem sem o vínculo afetivo, posto que o aprender é um investimento que o sujeito empreende num contexto específico, e o sujeito aprendiz surge a partir da qualidade e do clima emocional que é estabelecido na relação com o sujeito ensinante. Ou seja, professores e alunos manifestam, mediante suas práticas, suas emoções e movimentos que sinalizam o tipo de relação afetiva presente no cotidiano da aprendizagem.

Contudo, quando me refiro as relações afetivas no processo educacional, não estou querendo dizer que professores devem sair "aos beijos e abraços" com seus alunos. Essas situações podem até ocorrer, mas, as atitudes de respeito e atenção são formas de afetividade, que devem ser priorizadas no convívio entre ambos, de modo que a criança consiga compreender como afetivo o fato de ser respeitada em sua individualidade.

A nossa maneira de ser e conviver no mundo se constrói pelo desenvolvimento da consciência das relações que estabelecemos com a vida, com a natureza e com os outros, e estas determinarão a maneira de conhecer, de refletir, e de aprender individual e coletivamente, que por sua vez, constituem-se como parte de nossas identidades.

Sinto-me provocada a buscar em Paulo Freire em uma frase que nos instiga novas reflexões e outras sínteses. Ele diz:

> Como prática estritamente humana jamais pude entender a educação como experiência fria, sem alma, em que os sentimentos e as emoções, os desejos, os sonhos devessem ser reprimidos por uma espécie de ditadura racionalista. Nem tampouco jamais compreendi a prática educativa como

> uma experiência a que faltasse rigor em que se
> gera a necessária disciplina intelectual. (FREIRE,
> 1996, p. 146).

Ao analisar esse trecho, penso que conseguiríamos mais êxito do que temos conseguido até então em nossa prática de professores(as) se pensássemos na complexidade e no valor da vida de cada um/a. Assim poderíamos nos aproximar da inteireza do "Ser" humano e nos tornarmos, certamente — quer seja como professores ou pais —, mais justos, mais solidários e fraternos com os "Outros", considerando suas semelhanças e diferenças, mas sempre como seres humanos iguais a mim, portanto, outros "eus" for a de mim, mas que me completam e com os quais (con)vivo.

Em Ciampa (2001), a identidade de Severino também vai sendo representada sob diferentes aspectos e olhares. Ora o Severino é representado tomando como referência suas origens, sua terra, sua gente, o lugar de onde veio. Severino carrega em sua identidade as "geografias imaginárias" de seu pertencimento. O autor admite que é possível imaginar diversas combinações para configurar uma identidade na sua totalidade: "Uma totalidade contraditória, múltipla e multável, no entanto, uma. Por mais contraditório, por mais mutável que seja, sei que sou eu que sou assim, ou seja, sou uma unidade de contrários, sou uno na multiplicidade e na mudança" (CIAMPA, 2001, p. 61).

As representações de professor(a) que são construídas e veiculadas na sociedade dependem do reconhecimento social e dos tempos da vida humana que nos constituem, dos contextos culturais aos quais pertencemos, do valor e do significado dado a esses tempos e lugares. Como professores(as), nascemos historicamente colados(as) à sorte da infância, a um projeto do seu acompanhamento, condução e formação. Temos os tempos da vida humana como nossos cúmplices. Afirmamo-nos profissionalmente no mesmo movimento que essas temporalidades vão se definindo, social e culturalmente. Somos representados(as) por uma imagem que nos legaram, socialmente construída, politicamente e economicamente explorada.

As representações da identidade docente também possuem sentido a partir da linguagem e dos sistemas simbólicos pelas quais são representadas, revelando que a formação e transformação da identidade é um processo relacional, marcado pela diferença. A identidade é construída na luta, na resistência, porque é resultado de uma construção simbólica e social.

De acordo com Oliveira *et al.* (2014), a representação é por si mesma construída e veiculada no processo de comunicação social, portanto, são produtos da ação humana que comunicam a partir de palavras, desenhos, pinturas as representações dos sujeitos sociais por meio de relações que ocorrem no interior e entre os grupos sociais.

> *As representações sociais envolvem uma relação de conhecimento entre sujeito (alguém) e o objeto (alguma coisa/pessoa), configurando-se como uma situação gnosiológica e de comunicação. Os sujeitos conhecem/ representam e fazem comunicados sobre os objetos conhecidos/representados [...]. (OLIVEIRA et al., 2014, p. 141).*

Os sujeitos envolvidos no presente estudo demonstram, em suas narrativas, domínio de saberes e conhecimento sobre as vivências e as experiências que os(as) professores(as) possuem, comunicam e expressam essa representação. Esses saberes são provenientes de um saber prático produzido a partir de experiências advindas da relação existente entre os docentes, tanto enquanto pais, alunos e servidores quanto como moradores da mesma localidade que diariamente se encontram pelos caminhos do rio, no ambiente escolar, nas reuniões da escola, no encontro da igreja, nos barcos freteiros, nas viagens de madrugada para a cidade. São "[...] representações sociais que circulam, cruzam-se e se cristalizam incessantemente, através de uma fala, um gesto, um encontro, em nosso universo cotidiano" (OLIVEIRA, 2008, p. 65).

Esses encontros e cruzamentos são muito frequentes no cotidiano da Comunidade de Quianduba onde todos os(as) professores(as) participantes desta análise residem na comunidade, por isso, além de estarem em contato diariamente com os filhos (as) do lugar, também são moradores, partilham um lugar comum com os outros. Eles moram "bem ali, do outro lado do rio", "lá pra cima"[22]. Os professores são conhecidos, ou melhor, compartilham suas vivências com os demais moradores da comunidade, são vizinhos, são solidários nos momentos necessários, e esta é uma lição que se aprende na escola, junto dos outros e nos demais espaços sociais comunitários como evidencia na narrativa a seguir:

> [...] essa nossa vivência de sala de aula, ela deixa marcas, [...] muitas é negativas, mas muitas positivas [...]. Muitas das vezes você nem sabe que você deixou, mas com o tempo, com os netos daquelas pessoas, os filhos, aí você vai descobrir que você deixou a sua marca, né, dentro do seu trabalho de anos e anos, eu vejo assim que quando você começa você não tem aquela experiência e com os anos você vai adquirindo e vai passando pra outros professores, [...]. (NARRATIVA DA PROFESSORA 2).

O processo ensino aprendizagem é marcado pelas relações afetivas que são construídas e vividas no cotidiano dos professores e alunos na Comunidade de Quianduba. Elas não estão restritas apenas ao espaço escolar, para além disso, extrapolam os limites da escola e continuam presentes na memória e nas práticas cotidianas desses sujeitos. *"Eu acho assim que ter carinho e afetividade é também uma coisa que marca muito na vida do Professor, e das crianças, muito mais ainda"* (NARRATIVA DA PROFESSORA 10).

A comunidade torna-se extensão da escola e, por sua vez, a escola é uma continuidade da comunidade. Um lugar de partilhar práticas, saberes, experiências, histórias e a própria memória comunitária.

Tomando como ponto de apoio as reflexões de Arroyo (2013), que trata do "ofício de mestre", compreendo que nossas identidades não mais nos pertencem, as representações que nos identificam

---

[22] Faz referência à localização das residências que ficam na parte final do rio. Geralmente expressões como "pra cima" ou "pra baixo" significam a localização que toma como ponto de orientação a entrada e o final do rio.

resultam de tudo que nos interpela, das relações e interações que estabelecemos com o meio social e com os sujeitos com os quais nos (des)encontramos. Nossas histórias e trajetórias são circunscritas, escritas e reescritas pelo contexto cultural que nos atravessa e que atravessamos também. Diz o autor, "[...] nem tudo o que somos nos pertence. Somos o resultado de tudo. Quanto fui, quanto não fui, tudo isso sou" (ARROYO, 2013, p. 36).

Os personagens de Ciampa — o Severino e a Severina — retomam a concepção de identidades como resultado de uma construção social, em que o significado atribuído as representações dessas identidades é construído e veiculado socialmente, o que a define e legitima. "[...] a identidade se concretiza na atividade social [...], Uma identidade que não se realiza na relação com o próximo é fictícia, é abstrata, é falsa" (CIAMPA, 2001, p. 86), para o autor, nesse processo estão envolvidas três categorias principais que se complementam: identidade, atividade e consciência.

À medida que a identidade vai se transformando, concomitantemente ocorrem mudanças na consciência, tanto quanto na atividade. De modo que o *devir* do ser do homem é também um *devir* da consciência. Assim como apresentado por Japiassu (2001), um *devir* enquanto síntese da dialética do ser e do não ser, assumindo o sentido de que a identidade é produzida por relações de contradição, de luta, negociação e permanente reconstrução.

As representações de professores(as) na Comunidade de Quianduba se constituem a partir das relações sociais mediadas pela cultura e pela linguagem estabelecidas no cotidiano da escola e nas vivências locais. A sala de aula é o principal espaço sociocultural onde professores e alunos se encontram, formam e transformam suas singularidades e subjetividades.

É a partir das situações reais da prática educativa que as representações de professores(as) são construídas e veiculadas no contexto sociocultural da comunidade. A narrativa a seguir aponta elementos importantes para essa compreensão:

> [...] *eu vejo os nossos Professores como pessoas muito responsáveis, eu, todos nós somos diferentes ne, cada um tem uma personalidade diferente. Então cada Professor, ele é um ser diferente do outro. Ele tem atitudes diferentes dos outros, né, então, autoridade dentro da sala, eu acho que eles conseguem ter, e isso, assim a gente percebe nos filhos da gente o resultado do trabalho do Professor. Se é um bom Professor ou não* [...]. (NARRATIVA DA MÃE 9).

A relação entre professor e aluno ultrapassa os limites da sala de aula. O pai reconhece que a atividade docente não é uma ação solitária, mas que isso envolve e compreende seu papel e sua participação no desenvolvimento da aprendizagem de seus filhos. O pai se coloca enquanto parceiro desse processo e assume a responsabilidade pela educação de seus filhos. No momento da entrevista com o grupo de pais, exatamente nessa narrativa, esse pai, demonstra uma profunda compreensão da árdua tarefa que os(as) professores(as) enfrentam, diariamente, no cotidiano escolar. Nesse sentido, a construção da representação de professores(as) se dá pela relação com o trabalho docente e delimita essas novas identidades que interagem entre si e se contrastam no interior de suas ações e nos discursos produzidos e veiculados no cotidiano pelos sujeitos que estão envolvidos com as práticas educativas.

6.2 As representações de professores(as) a partir dos saberes docentes

A aprendizagem é uma atividade constante e contínua, nascemos humanos e nossa real humanidade nos imputa a necessidade de aprender. Aprendemos a ser filhos(as), sobrinhos(as), netos(as), primos(as), entretanto, todas essas aprendizagens ocorrem por meio de processos interativos entre os sujeitos e suas realidades. E continuamos crescendo e aprendendo, mas ao mesmo tempo ensinando o que temos aprendido para os outros.

Então começamos a nos perguntar: quem ensina os professores? Que saberes são necessários à prática educativa? E imediatamente vamos ao encontro de Tardif (2006) para pensar a representação de professores(as) na Comunidade de Quianduba, considerando os saberes docentes. Para tanto, é necessário pensar que a sala de aula é também um espaço de produção de saberes, na qual se revelam diversas categorias, tratadas pelo autor.

Na cotidianidade da docência, professores e alunos produzem saberes, que Tardif considera que são saberes produzidos no exercício da profissão docente, por exemplo, os(as) professores(as) que atuam na Escola Nossa Senhora do Perpétuo Socorro, na Comunidade de Quianduba, sabem — ou deveriam saber — os conteúdos das áreas de conhecimentos com as quais trabalham, e ainda, sabem — ou deveriam saber/ ter domínio — de técnicas e metodologias adequadas a aprendizagem dos alunos. Mas, como pode ser comprovado na narrativa a seguir, esses saberes estão em permanente (trans)formação e (re)construção, é uma aprendizagem constante e contínua.

> [...] *aí tu vem crente que tu sabe as coisas, que tu tá preparada, quando chega na sala de aula tu vê que não é nada disso, que tu tem que ir aprendendo ali com eles, né, buscando outras formas, outros meios e crescendo junto com a turma.* (NARRATIVA DA PROFESSORA 1).

De tal modo que a atividade docente assume caráter de apropriação e domínio de saberes tanto teóricos quanto práticos. É no dia a dia da profissão que os(as) professores(as) aprendem a ser professor(a). Afirmam que a formação inicial é importante, que atribui uma identidade profissional ao professor(a), mas os saberes docentes, assim como para Pimenta (1999), são produzidos por significados que justificam as complexidades teóricas e práticas elaboradas na materialidade e continuidade do trabalho pedagógico. Assim sendo, os saberes se efetivam na sala de aula para referendar a identidade docente fundamentados pela articulação entre o pensar e o agir como necessidade permanente da práxis educativa.

> [...] *acredito assim que pra qualquer Professor por mais que ele estude, que ele venha da sala de aula, ele cursou o magistério, ah, agora dou conta de encarar uma*

turma, mas ele chegou ali, quando ele começa a aula que olha para os alunos a primeira impressão. Ah! eu vou dar conta, e logo no decorrer da aula ele percebe que não está preparado pra aquela turma, né, que ele tem muito que aprender, que ele precisa ir buscar muito mais, que ele precisa passar assim uma imagem para o aluno. (NARRATIVA DA PROFESSORA 8).

Práxis educativa entendida como ação-reflexão-ação dos homens sobre a realidade no sentido de transformá-la, portanto, uma posição que nega o homem abstrato, incapaz de interferir na realidade que o circunda. Ao contrário, afirma uma concepção que considera homens e mulheres, professores e alunos como sujeitos concretos pertencentes a um contexto sociocultural, historicamente construído, pelas lutas e resistência engendradas no cotidiano dos processos educativos. Professores e alunos assumem mutuamente a responsabilidade de compreender suas relações com o mundo, não mais como uma realidade estática, mas como realidade em processo de (trans)formação, à medida que esses atores e autores enfrentam essa realidade como sujeitos capazes de refletir e agir coletivamente.

A representação de professores(as) se dá à medida que estes assumem e reconhecem suas condições de ensinantes/aprendentes. E essa característica apareceu nitidamente nas atitudes, expressões, posturas e narrativas dos sujeitos investigados na Emeif Nossa Senhora do Perpétuo Socorro, os quais compreendem a atividade docente como uma construção diária e permanente de saberes e fazeres peculiares ao ofício. Para eles, o "Ser" professor(a) é sempre alguém que precisa "estar sendo". "[...] *a cada dia, a cada ano, a cada nova turma vamos aprendendo mais e melhorando nossa prática, é uma aprendizagem constante, nós não sabemos tudo, nossos alunos nos ensinam muito* [...]" (NARRATIVA DA PROFESSORA 10). Nesse relato, é possível perceber uma representação de professores(as) em busca de sua real identidade profissional e sem saber específico de fato, ao tomar consciência do limite de seus saberes pedagógicos e da incompletude de seus conhecimentos.

O cotidiano docente na Comunidade de Quianduba mostra que o saber docente é construído em constante interação com os demais saberes mobilizados pelos(as) professores(as). E assim, a relação dos docentes com os saberes não se reduz a uma função de transmissão dos conhecimentos já constituídos, mas consideram que estes são frutos de uma construção coletiva, de experiências compartilhadas, inclusive, mencionam os cursos de formação continuada como lugar privilegiado de construção/reconstrução e produção de novos saberes. O contato com outros colegas professores permite a troca de experiências e a avaliação da própria prática docente.

A prática pedagógica integra diferentes saberes, com os quais mantém diferentes relações entre esses saberes oriundos da formação profissional e de saberes disciplinares, curriculares e experienciais.

> *Eu vejo que além do estudo que o professor tem né, que é um processo contínuo na vida dele, uma coisa que ajuda muito, que vai tornando ele um professor cada vez melhor, é a experiência, é a prática dele [...] Isso vai dando, a cada ano que ele vai passando por uma turma, são turmas diferentes, são pessoas diferentes. Então tudo isso vai capacitando ele cada vez mais, vai trazendo experiências novas vão enriquecendo o conhecimento dele também, ele vai melhorando.* (NARRATIVA DA SAP 4).

É evidente nas narrativas que os sujeitos da Comunidade de Quianduba compreendem que é pela reflexão da ação que a prática pode ser avaliada e redimensionada, mediante a observação e a análise que fazem sobre a importância dos saberes experienciais. Ou seja, a experiência é um campo fértil de afirmação e aquisição de novos saberes docentes, o chão da sala de aula, se transforma em uma nova oportunidade para aprender e ensinar, para refletir e agir a partir dos resultados desse processo.

6.3 As representações de "si"

> Então, nem anjo, nem besta, o homem é homem –
> não como uma afirmação tautológica – mas como
> uma afirmação da materialidade da contínua e
> progressiva hominização do homem. (CIAMPA,
> 2004, p. 71).

Representar-se, no sentido pleno da palavra, significa afirmar aquilo que somos ou que vamos nos transformando e sendo transformados. O ato de se representar está relacionado à percepção do contexto sociocultural em que se dá a representação, relações estabelecidas no meio social no qual convivemos. O contexto sociocultural determina as diversas formas de representação dos sujeitos. Representar também implica considerar as condições sociais, econômicas, políticas e culturais em que se produz a representação de professores(as) na Comunidade de Quianduba.

Nesse sentido, a construção das representações sobre o grupo social — no caso em evidência os(as) professores(as) da Emeif Nossa Senhora do Perpétuo Socorro — pelo próprio grupo acerca de si e pelos sujeitos que atravessam o seu cotidiano demarca o processo de identificação. Esse processo é possibilitado pela confrontação do "eu" com o "outro", evidenciando a afirmação identitária como processo de negação do diferente. O olhar desse "outro" delimita as fronteiras da representação, que são sempre feitas a partir de uma visão e de uma posição social. Assim diz a narrativa da Professora 4:

> [...] *eu vejo o professor assim como um interventor, depois da família né, que muitas vezes, o aluno, ele tem uma vivência, é... poderíamos dizer assim... na família é, que... com falta de respeito, e o Professor ele tem esse poder de intervir através da prática dele de tá naquele momento com aluno, todo dia na sala de aula. Ele tem aquele poder para intervir a partir do momento que ele consegue ganhar a confiança daquela criança. Então eu vejo assim o professor como interventor sim. Eu acho que a nossa prática é muito importante nessa questão*

> *de intervir, porque o nosso aluno de hoje [...] eu sempre digo quando eu tô fazendo a reflexão com meus alunos que eu me preocupo com o quê eles vão ser no futuro, a gente tem que se preocupar com o que eles vão ser no futuro, porque se a nossa prática, dependendo da nossa prática, é o que o nosso aluno vai ser futuramente, né. Então nós temos que aproveitar esse momento que nós temos é na sala de aula com eles pra intervir e também ajudar nossa criança, ganhando a confiança dela. É isso que eu penso. Todo Professor é um artista né. Ele tem que saber um pouco de tudo. Tem que ser um pouco psicólogo, né, um pouco enfermeira. Então eu acho que o professor... eu me identifico como artista assim, é que eu tenho que me virar na sala de aula [...].*

No relato, encontramos a representação que uma professora faz de si mesma como *interventor, artista, psicólogo, enfermeira*. Notou-se que quando ela produziu essa narrativa, o tom da voz e os gestos demonstravam que essa representação está ligada ao sentido de "cuidar". O(A) professor(a) é alguém que cuida do ensinar e do aprender, posto que a educação é um ato de formação que deve promover o desenvolvimento humano. Na perspectiva da narradora, o(a) professor(a) tem condições de intervir significativamente na vivência de seus alunos, na formação de valores, de hábitos e atitudes há muito tempo esquecidos, mas tão necessários para o relacionamento humano.

Na constituição do universo cultural e simbólico ocorrido na Comunidade de Quianduba com a chegada da energia elétrica, os sujeitos modificam as práticas e atitudes cotidianas, estabelecem relações diferenciadas de trabalho, produção, lazer e sociabilidade, delimitando novas identidades que se entrecruzam, interagem e se contrastam no interior de suas ações e dos discursos produzidos nesse cotidiano. Esse processo remete à percepção de um novo movimento de transformação na Comunidade que se refere à modernização tecnológica que chega na localidade e impõe novos ritmos, tempos e modos de se relacionar e de participar das práticas sociais. Esse novo modo de viver afeta a organização e a rotina do cotidiano escolar, impondo novos desafios à prática educativa.

> [...] *eu vejo os nossos professores como pessoas muito responsáveis, eu, todos nós somos diferentes, cada um tem uma personalidade diferente. Então cada professor, ele é um ser diferente do outro. Ele tem atitudes diferentes dos outros, né, então, autoridade dentro da sala, eu acho que eles conseguem ter. O problema das nossas turmas, eu não vejo assim no professor, eu vejo a questão da sociedade. Por exemplo: os nossos alunos eles têm um convívio maior com, com os meios de comunicação. Então eles assistem muita televisão, eles jogam muito videogame, coisa que eles não tinham acesso antes, e isso eles trazem muito pra dentro da sala de aula. E os nossos Professores, ainda estão em passos lentos com essa questão de mídia, de internet. Então tem aluno que ele vem com jogo pra dentro da sala de aula de um videogame que o Professor nunca viu, ele num sabe, ele num sabe nem como aproveitar aquilo porque ele nunca viu, como é que ele vai aproveitar aquilo dentro da sala de aula dele? Então eu vejo assim que os meios de comunicação que nós temos agora acesso, chegaram muito rápido dentro das casas das famílias, mas não tão rápido dentro da escola, porque os Professores ainda não têm esse aceso direto na internet* [...]. (NARRATIVA DA SAP 4).

A incorporação de novas práticas, das novas tecnologias e produtos culturais que chegam, inaugurando novos tempos na Comunidade de Quianduba, remetem a uma interrelação entre o campo e a cidade, o rural e o urbano passam a se misturar, possibilitando a construção de imagens diferenciadas de ruralidade e urbanidade. A introdução de elementos e produtos culturais que antes demarcavam a diferenciação entre o rural e o urbano não mais são colocados como definidores da identificação e representação destes. A exemplo, o videogame que já está presente em muitas residências na Comunidade, assim como outros eletroeletrônicos que até bem pouco tempo não faziam parte do cotidiano ribeirinho. As demarcações das diferenças entre o rural e o urbano passam a se reestruturar a partir dessas transformações culturais, políticas, econômicas e sociais impulsionadas pelo processo de modernização da vivência ribeirinha. Por isso ressalto que o rural e o urbano, o ribeirinho e o citadino são contextos que devem ser interpretados a partir de suas interações e interrelações, e não de maneira isolada, já que esses universos se completam e estão interligados entre si.

A narrativa também apresenta uma situação que chama a atenção pelo fato de tratar-se da problemática da ausência de formação continuada para os professores da comunidade. A Emeif Nossa Senhora do Perpétuo Socorro possui uma ótima estrutura física e entre esses espaços pedagógicos a unidade de ensino conta com o laboratório de informática, equipado com computadores, porém durante o período em que permaneci na escola, o espaço não foi utilizado, os computadores cobertos e sem utilidade, o que pode ser confirmado na narrativa a seguir:

> [...] *nossos professores ainda não conseguem manusear um computador, até a televisão, que agora vem diferente os controles, e às vezes eles não conseguem ligar. Então eu vejo que isso, isso que não tem ajudado tanto o Professor no progresso do aprendizado, auxilia, mas nós ainda estamos em passos lentos, caminhando pra um progresso, mas eu vejo os nossos Professores como pessoas, sim, muito responsáveis, mas claro que cada um com características próprias suas.* (NARRATIVA DA SAP 4).

A precarização da formação inicial e continuada, e, por conseguinte, do trabalho docente, são desafios à prática docente na comunidade. As tecnologias adentraram no dia a dia dos ribeirinhos, mas a escola não consegue acompanhar esse movimento, uma vez que com a chegada da energia elétrica também ocorre o aceleramento do processo de modernização, novos modos de produzir a existência passam a fazer parte do cotidiano das famílias ribeirinhas e isso exige novas articulações e estratégias de ensino cada vez mais dinâmicas e inovadoras no contexto da sala de aula.

As representações de professores(as) construídas e veiculadas nesse novo contexto cultural e simbólico, em construção, evidenciam a necessidade de repensar a atividade docente enquanto produtora de novos elementos que devem ser incorporados nas práticas escolares em sala de aula, (re)formulando estratégias específicas de negociação entre o antigo cotidiano da docência ribeirinha e a ligação com as novas tecnologias, reafirmando o movimento de interligação entre o cotidiano ribeirinho, enquanto lócus de interação, em conexão com o tradicional e o moderno, o campo e a cidade, articuladas à necessidade do desenvolvimento e uso sustentável dos recursos naturais presentes na comunidade. Embora também seja necessário oportunizar aos(às) professores(as) o envolvimento e participação em experiências de formação continuada que estejam voltadas para a realidade e o contexto da docência ribeirinha.

Capítulo V

AS EXPERIÊNCIAS COM AS NARRATIVAS ORAIS: POSSIBILIDADES E LIMITES PARA A FORMAÇÃO DO(A) PESQUISADOR(A)

> *A análise das narrativas mostra o que foi aprendido em termos de um saber-ser sociocultural; de um saber-fazer; de conhecimentos nos domínios mais diversos, de tomadas de consciência sobre si, sobre as relações com os outros em diversos contextos ou situações [...].*
> (JOSSO, 2004, p. 68)

Para a autora, a experiência começa quando passamos a prestar atenção ou refletir sobre o que se passa em nós, ou até mesmo na situação na qual estamos implicados "[...] a experiência pode tornar-se em tal *a posteriori* de um acontecimento, de uma situação, de uma interação; é o trabalho de reflexão sobre o que se passou [...] uma experiência é uma ação refletida *a priori* ou *a posteriori*" (JOSSO, 2004, p. 143, grifos do autor).

Seguindo essa perspectiva, as linhas que apresento a seguir nasceram exatamente a partir dessas novas experiências e oportunidades adquiridas no momento de realização das atividades de pesquisa com as narrativas ribeirinhas. Aprendizagens que foram constituindo-se ao longo de 12 meses como um tempo de aprender, de momentos de incertezas, outros de (re)criar caminhos e novas possibilidades, de encontros e desencontros com minha própria identidade, como espelho nas águas de um rio que não para, que sobe e desce, fica cheio e esvazia, mas em nenhum momento do dia fica inerte. Mesmo por alguns instantes em que parece parado, na verdade, ele está (re)construindo o movimento de subida ou descida das marés. Assim foi o trabalho com as narrativas orais.

Entendidas, nesse contexto, como uma metodologia de pesquisa, as narrativas orais anunciam a necessidade de cuidados na construção e nos encaminhamentos tomados ao utilizá-las como fonte de busca de informações, a partir de situações de entrevistas durante o processo de reconstrução e análise desses registros orais e mediante os questionamentos levantados pelo(a) pesquisador(a). Os rastros, os sinais, as pistas, os caminhos foram procurados num terreno fértil, não sedimentado, movente e plural. Procurados, porque um documento, uma realidade ou um contexto só falam se forem questionados, se forem indagados. É preciso construir o próprio movimento de procura e sair de um lugar cômodo, conhecido, que proporciona um olhar superficial, para viajar por lugares nunca antes visitados, nos porões da pesquisa, onde o "vasculhar" é constante e inquieto.

Partindo do pressuposto de que em todo o tempo dedicado a esta pesquisa a interrogação cedeu lugar a novas possibilidades para (re)interpretar e (re)inventar o cotidiano do(a) professor(a) ribeirinho(a), considero que, para ler e interpretar as alteridades outras, o(a) pesquisador(a) compõe suas narrativas e entra num processo de negociação, no qual existem inúmeros intérpretes e significações, e o "eu" pesquisadora também narra, atua, interpreta, mas como personagem, migra nos diferentes contextos e experiências socioculturais.

Então, o olhar e a interpretação dada às narrativas possuem certa carga da identidade do(a) pesquisador(a), que também é formada e transformada no interior das relações sociais estabelecidas com o contexto, ou o palco, da ação de investigar as individualidades, em que cada um quer imprimir às suas narrativas, determinada imagem, cristalizada no seio da comunidade e institucionalizada pela escola.

Em todos os tempos e lugares da Comunidade de Quianduba em que estive trabalhando com as narrativas orais, foi necessário manter uma posição de escuta, de constante aprender, mas também, um vigiar constante para sempre olhar de qual lugar e em qual posição meu "eu" pesquisadora falava?

A riqueza das falas, dos gestos, das maneiras de interpretar e expor ideias são características que marcaram essas experiências no trabalho com as narrativas orais. A angústia, os conflitos e as dúvidas foram frequentes durante todo o tempo de produção e realização deste trabalho. Falo em construção porque, em muitas situações, foi necessário reinventar caminhos, (re)construir trajetórias, buscando compreender a maneira como os sujeitos olham para si e para o outro, como narram suas histórias e as dos outros.

A partir dessas experiências, compreendo que as pessoas em situação de fala-escuta, no processo de comunicação, assumem posição de reciprocidade, de companheirismo, partilham suas histórias, seus tempos, suas memórias. Quem fala, quer ser ouvido, compreendido, respeitado, assim como quem escuta quer ter a oportunidade de falar, de narrar, nas mesmas condições de igualdade de direitos. Com essas condições, ambos, criam, formam e transformam as situações de comunicação, em que o silêncio também comunica, como nos lembra Freire (2003), para o qual o silêncio é fundamento e ocupa lugar de destaque no diálogo, de modo que:

> A importância do silêncio no espaço da comunicação é fundamental. De um lado, me proporciona que, ao escutar, como sujeito e não como objeto, a fala comunicante de alguém procure entrar no movimento interno de seu pensamento, virando linguagem; de outro, torna possível a quem fala, realmente comprometido com comunicar e não com fazer puros comunicados, escutar a indagação, a dúvida, a criação de quem escutou. Fora disso, fenece a comunicação. (FREIRE, 2003, p. 117).

Ao lidar com as narrativas orais, ressalto que, por ser parte desse processo, também somos, fomos ou nos sentimos personagens. A Severina de Ciampa, ao narrar sua história é autora de sua própria narrativa, mas em seu caminho outros atores/autores participaram do protagonismo de suas trajetórias, construíram e veicularam suas identidades. Assim, toda narrativa tem em sua constituição ator/autor e ouvinte, este último por sua vez, torna-se um/uma novo(a) autor(a) quando o produto das análises surge como uma nova narrativa. De modo que o papel do(a) pesquisador(a), neste tipo de análise, é configurar os elementos dos dados contidos nas narrativas em uma história que os unifica e lhes dá significado com o objetivo de mostrar o modo como cada sujeito narrador interpreta e apresenta a sua representação de professor(a) na Comunidade de Quianduba.

O uso das narrativas orais, não só como fonte de pesquisa, mas também como caminhos possíveis para a interpretação das representações de professores(as) na Comunidade de Quianduba, permitiu compreender que só podemos comparecer no mundo frente à presença do "outro" enquanto representante de nosso ser, daquilo que realmente somos ou fomos nos tornando por meio de apresentações que foram personificando nossas representações.

Sob essa perspectiva, nossas identidades pessoais e profissionais, coletivas e individuais, resultam dos mais diversos modos de produzir a nossa própria existência. Nossas identidades são movimento, processo, ou para ser mais enfática, são *metamorfoses* e *não metamorfose*, uma vez que Ciampa (2004) admite essa possibilidade, pois na dinâmica da metamorfose a identidade pode se inverter no seu contrário, não metamorfose. Segundo ele, os papéis encenados pelos indivíduos no palco da vida, o chamam como a um ator, a constante *(re)posição* de seus personagens. E essa (re)posição pode levá-lo a *mesmidade* criando a aparência de uma não metamorfose.

Acredito que somente a experiência da *mesmidade* pode conduzir o indivíduo à superação de si mesmo levando-o a atingir a condição de *ser-para-si*. Isso foi constatado nas representações de professores(as) na Comunidade de Quianduba. Os(As) professores(as), assim como os alunos, pais e os demais membros da comunidade escolar superam a condição de meros coadjuvantes na trama social e assumem o papel de protagonistas de suas próprias histórias, pessoal e profissional, individual e coletiva. Logo, a atuação desses personagens deixa de ser uma mera *(re)posição* de uma identidade cristalizada no imaginário social, permanente e atemporal, para tornar-se uma identidade que, uma vez representada não está encerrada em si mesma, mas pode ser constantemente metamorfoseada a partir do processo de reapresentação dos personagens de acordo com o cenário social em que é (re)colocado e reinventado cotidianamente.

O uso das narrativas orais como possibilidade para narrar, interpretar e analisar as representações de professores(as) na Comunidade de Quianduba constituiu-se como uma experiência renovadora, e ao mesmo tempo desafiadora, já que houve momentos de dúvidas e incertezas sobre as categorias de análise presentes nas falas dos sujeitos. Ler e reler as narrativas inúmeras vezes, buscar, no contexto em que foram emitidas, o suporte para compreendê-las, pensar nos diferentes sujeitos que narraram, mas também foram narrados. Tudo isso esteve presente nessa construção.

Aprender a narrar e veicular as representações de professores(as), produzidas e materializadas num determinado contexto socio histórico e cultural, exige de quem narra e ao mesmo tempo é narrado a humildade em reconhecer que não sendo este "Outro", meu "Eu" foi transformando-se, (re)criando-se e (re)inventando-se a cada dia, na (con)vivência entre o rio e a mata, apresentando-me a um novo desafio que poderá vir a ser num tempo futuro/presente não tão distante do lugar e da posição de que falo.

À GUISA DA CONCLUSÃO

Interpretar a realidade de um determinado grupo social que se constrói e é construído pelas representações sociais, a partir do contexto de suas vivências, tanto pessoais quanto profissionais, consolida-se como um dos maiores desafios face às concepções e aos ideias presentes no imaginário social. Para isso, esta obra foi movida e orientada a refletir sobre quais são as representações de professores(as) construídas e veiculadas na oralidade da Comunidade de Quianduba. Essa tarefa não têm a intenção de ser a única resposta, mas configura-se como novas possibilidades para pensar e compreender as representações de professores(as) ribeirinhos(as).

Ao assumir o movimento de análise dessas representações, tomei como pressuposto a ideia de que há uma multiplicidade de identidades construídas no contexto das relações socioculturais daquela comunidade. Por isso, o objetivo foi analisar, a partir das narrativas orais, as representações de professores(as) que são construídas e veiculadas na oralidade da Comunidade de Quianduba, considerando as repercussões na prática docente no contexto escolar da Emeif Nossa Senhora do Perpétuo Socorro.

No convívio com o lócus e seus sujeitos, obtive o conhecimento sobre os modos de construção da existência local, considerando os aspectos econômicos, políticos, ambientais, sociais e culturais, todos percebidos no cotidiano de trabalho, lazer, religiosidade e sociabilidade. Nessa interação social e cultural, evidenciei a transformação não apenas do objeto de estudo, que deu origem a esta obra, mas também, das experiências de vida, incorporando novos saberes e fazeres relacionados com a produção da profissão Professor na Comunidade. Um processo que é marcado por uma profissionalização que vê no magistério a oportunidade de emprego, de garantia da sobrevivência familiar, mas que, por outro lado, também se manifesta enquanto possibilidade de superação da precarização das condições de produção do trabalho local. Nesse caso, os caminhos da docência se constituem como outro viés para os homens e mulheres do lugar, que em sua maioria, sobreviviam da longa e dura jornada de trabalho nas olarias da comunidade, outrora presentes em grande número, mas decadentes pela falta de investimentos na formação do trabalhador, inovação e modernização dos meios de produção e novas oportunidades de comercialização.

A partir dessas reflexões e do diálogo estabelecido com os principais teóricos que sustentam esta abordagem, considero que o objetivo de analisar as representações de professores(as) construídas e veiculadas na oralidade da Comunidade de Quianduba foi alcançado, pois é possível vislumbrar, a partir desta escrita, que:

- a construção das identidades culturais se processa sempre na relação entre o "eu" e o "outro" na composição do mundo e das relações sociais. Desse modo, existem estratégias de negociação entre diferentes identificações que revelam a complexidade da realidade social, assim como as disputas pelo poder de representação; e

- o processo de representação se dá na articulação entre as diversas identidades culturais que vão se formando e transformando nos mais diversos espaços onde a materialidade da docência se processa. Espaços que não se limitam apenas à sala de aula, mas se circunscrevem na vida desses(as) professores(as).

Nas diversas situações, observei que o ato de representar empodera aquele que representa. O poder de narrar a representação primeiramente é dado ao próprio Severino — o "Eu" —, que se autorrepresenta, narra a si próprio, fala de sua trajetória e das experiências vividas, mas logo o próprio autor do poema, João Cabral de Melo Neto, também toma para si o poder de representar Severino — o "Outro". E vai dizendo, a seu modo, quem é aquele Severino, comparando-o a tantos outros Severinos que conhece. Do mesmo modo, ocorre com os personagens desta obra, professores, pais, alunos e servidores de apoio, que, ao narrarem suas histórias, mostraram os cenários por onde foram construindo seus modos de existir. E assim como percebido em Ciampa (2011), a representação passa a ser construída por mais gente que atravessa o cenário das vivências de Severino, são dois homens carregando um defunto, a mulher na janela, dois coveiros, o morador de um Mocambo, compadre José, vizinhos, amigos, ciganas, além de paisagens e lugares que também marcam a passagem/paragem de Severino. Esses "Outros", marcam a identidade Severina, assim como os(as) professores(as) da Comunidade de Quianduba são representados por pais, alunos e por servidores, todos circunscritos nos diferentes tempos/espaços/lugares do contexto da docência, mas ocupam e produzem diferentes posições e papeis na trama das relações sociais.

Defendo a ideia de que as identidades docentes são uma construção que evoluem e se desenvolvem, tanto pessoal como coletivamente. A identidade não é algo que se possua, mas, sim, algo que se desenvolve durante a vida. A identidade não é um atributo fixo para uma pessoa, e sim um fenômeno relacional. O desenvolvimento da identidade acontece no terreno do intersubjetivo e se caracteriza como um processo evolutivo, um processo de interpretação de si mesmo como pessoa e como profissional, dentro de um determinado contexto. Sendo assim, a identidade pode ser entendida como uma resposta à pergunta "quem sou eu neste momento?" A identidade profissional não é uma identidade estável, inerente ou fixa. É resultado de um complexo e dinâmico equilíbrio em que a própria imagem como profissional se constitui a partir das tensões, lutas e resistências que caracterizam a representação de professores(as) na Comunidade de Quianduba.

Constato ainda que, em sua atuação como professores(as) da Comunidade de Quianduba, existem identificações inconscientes que, se não determinam, influenciam de maneira considerável o fazer docente — como as experiências iniciais que viveram no espaço da sala de aula, como alunos (as) e depois como professores(as), a participação nas formações continuadas, nas reuniões de pais e mestres, que foram lembradas durante a coleta das narrativas, como momentos importantes de aprendizagem da profissão.

Ser ou estar sendo professor é uma aprendizagem diária. Todos os dias nos (re)fazemos como tais, nos (re)inventamos para assumir novos papeis no chão da escola. O que somos já não é mais o que seremos, pois isso depende do que fazemos para/com os Outros, que necessariamente, está relacionado ao que fazemos com o que os Outros fazem de nós.

Acredito que a identidade profissional é construída não só no momento em que atuamos profissionalmente, mas desde que começamos a observar o fazer do outro, no caso, o fazer dos nossos professores. E embora a nossa profissão talvez seja a única em que os modelos são diversos e em quantidade considerável — ao longo de toda a vida escolar —, podemos arriscar a dizer que, mesmo os profissionais de outras áreas (médicos, engenheiros, advogados, fisioterapeutas etc.), constituem sua identidade também pela experiência que tiveram com seus professores — fato que nos possibilita afirmar que todos nós, que vivenciamos a escolaridade, temos uma relação com o magistério. Essa circunstância muitas vezes contribui justamente (ou injustamente?) para diminuir o seu valor, porque provoca a ideia errônea de que qualquer um pode ser professor, afinal todos passamos tanto tempo na escola que acabamos incorporando identidades ligadas ao exercício do magistério. E isso foi destacado em diversas narrativas dos pais, ao dizerem que, antes para ser professor(a), era preciso ter estudo, diploma, mas hoje qualquer um pode ser professor(a), desde que tenha um "padrinho" político que o indique.

Constatei também que essa é uma tensão vivida por alguns professores da Comunidade de Quianduba, que ainda possui professores contratados, e estes, convivem com a angústia e a incerteza de serem temporários. Recordo que no momento da vivência em campo, esses professores a todo o momento diziam que estavam "*sendo*" professores(as), mas somente até o final de dezembro, tempo em que o contrato findaria. Então nos parece também que a representação de professores(as) está diretamente ligada ao tipo de vínculo empregatício que os diferencia, os representa, como "temporários" ou "efetivos".

A partir de que o profissional passa a ministrar aulas é reconhecido como professor(a) na comunidade? Em muitas outras profissões o indivíduo é reconhecido socialmente como advogado, jornalista, fonoaudiólogo etc. Já o professor, quando conclui o curso de Pedagogia ou uma das licenciaturas, como Letras, Biologia e outras, não é ainda professor: a condição essencial para tanto é estar atuando na escola. Esse fato nos faz acreditar que o que nos constitui como profissional é o exercício da docência e não a graduação. Ser professor está relacionado a "dar aulas", estar à frente de uma turma e, especificamente, num local determinado que caracteriza a docência — que é a sala de aula.

O processo de representação transita, assim, entre as diferentes dimensões do sujeito, sendo este entendido enquanto um "quase ser social" e a subjetividade como uma interface entre o psicológico e as relações sociais, e deste com a cultura. Nesse sentido, o processo de interiorização da realidade pressupõe outro processo de superação e mediação, visto que a questão está na conversão de algo nascido no âmbito social que se torna constituinte do sujeito permanecendo "quase social" e continua constituindo o social pelo sujeito.

Partindo das posições apresentadas e defendidas no texto, considero que a complexidade do cotidiano dos professores(as) da Comunidade de Quianduba e a constituição de diferentes identidades "pessoais" e/ou individuais, são percebidas a partir das narrativas orais que apresentam representações diferenciadas sobre as experiências vivenciadas pelo grupo e dos "eventos" que demarcam a trajetória de vida dos mesmos, assim como o tecimento de identidades coletivas em determinados momentos de suas vivências nos mais diversos tempos/espaços da docência ribeirinha.

Na constituição dessas representações, os sujeitos vão construindo e transformando o universo cultural e simbólico da profissão docente na Comunidade. Na busca de um "lugar" social, os professores(as) constroem a si mesmos e o mundo que os cerca por meio das representações e identificações tecidas no cotidiano de luta, trabalho, lazer, família e sociabilidade no contexto comunitário. Dentro dessa lógica de reconstrução social, cultural e simbólica, o eixo norteador de suas práticas e dos discursos produzidos é a materialidade das vivências e experiências da prática docente. Os saberes e fazeres docentes são elementos pertinentes à construção, formação e transformação de suas identidades docentes.

O convívio na Comunidade do Rio Quianduba me fez compreender a necessidade de olhar para os indivíduos a partir do contexto social, mediados pelos elementos culturais, presentes no cotidiano da comunidade, considerando que cada espaço, cada gesto, as maneiras de se expressar e organizar os meios e modos de vida local constituíram-se como elementos importantes para esta escrita.

Esta obra é fruto da amizade e da reciprocidade existente no encontro entre sujeitos que foram se fazendo diferentes na igualdade de seus mundos. Uma pedagoga, também professora, tentando analisar as representações de professores(as) na Comunidade ribeirinha de Quianduba. Enquanto observadores e observados, construímos nossos caminhos mutuamente, refizemos a direção, aprimoramos as ferramentas. Nesse encontro com antigos companheiros, em que fiz pesquisa e me fiz pesquisadora, é que muitas vezes na solidão da escrita a narrativa não se materializou, pois mesmo nesses momentos, a própria narrativa foi companheira do silêncio que não se calava, das vozes que iam e vinham, dos papéis que se misturavam, do lugar onde cada narrativa habitava, das minhas severinidades que insistiam em me visitar. E ao fazerem esse exercício, também me levaram a visitar o tempo e lugar de severinidades outras.

Ao narrar em segunda pessoa — pois as primeiras são os próprios sujeitos da pesquisa — espero ter contribuído para responder as indagações e reflexões que fiz ao longo do texto e, para além da feitura e leitura do texto, acredito que a maior contribuição deve ser para a própria Comunidade de Quianduba, que abriu sua "casa" para abrigar o estranho, o alheio, o "outro". Evidenciar uma comunidade ribeirinha é sempre uma opção política, engajada e comprometida com mulheres e homens ocultados e silenciados pela opressão colonial.

E foi com essa força e como opção político-social que o fiz, que me aproximei de parte das histórias e experiências, contadas e partilhadas no seio comunitário, que mesmo com a chegada do progresso, ainda consegue manter suas tradições e valores mais singulares como a solidariedade, a fraternidade, a partilha e respeito mútuo. Valores e atitudes que se ensina e aprende até mesmo em tempos e situações difíceis, como os momentos de *Morte e Vida Severina* — que são tantos, mas trouxe à cena alguns para ilustrar —, os tempos em que os meninos e meninas deixam de ir à escola para trabalhar na extração do açaí, ou na fabricação de telhas nas olarias; a carência de material didático adequado e suficiente para atender aos alunos; a falta de recursos para prover uma educação de qualidade; a inadequação do cardápio da merenda escolar que desconsidera a tradição alimentar local; a ausência de formação continuada para os professores, principalmente no campo da utilização das novas tecnologias na educação; a não utilização da informática como ferramenta metodológica; a rotatividade de professores(as) temporários na escola, o que influencia diretamente na qualidade de ensino ofertada pela instituição; a continuidade do Quem Indica (QI) nas contratações de professores e demais servidores na comunidade, o que dificulta o estabelecimento de vínculo com a instituição, uma vez que a educação continua sendo lugar fértil para o curral eleitoral de muitos politiqueiros aproveitadores e oportunistas; a ausência de algumas famílias na escola; a presença das drogas na comunidade e consequentemente a violência cada dia mais frequente.

Por fim, com essas experiências e aprendizagens, fiz a mim mesma e me refiz muitas vezes. Sorri e chorei, representei e fui representada, mas em todas as lições aprendi que nos tornamos nós quando reconhecemos o outro que habita em nós, porque em nossas trajetórias estão circunscritos os contextos socioculturais que nos formam e transformam cotidianamente. O que sou, o que fui, já não é mais, e o que não sou, e o que não fui, busco ser, me construindo, formando e transformando pelos lugares, tempos e espaços que compartilho com meus semelhantes.

Aqui, assumi posições, adotei atitudes e posturas de pesquisadora, mas sem perder o sentido de minha existência, de estar em permanente formação e transformação, metamorfoseando minhas identidades e sempre, permanentemente, refazendo-me "Eu" na relação com o "Outro".

REFERÊNCIAS

ABAETETUBA. **Lei n.º 295, de 31 de dezembro de 2009.** Dispõe sobre a estruturação do plano de cargo, carreira e remuneração da Rede Pública Municipal de Ensino de Abaetetuba e dá providências correlatas. Abaetetuba: Prefeitura Municipal, 2009. Disponível em: https://www.abaetetuba.pa.gov.br (a)rquivos/48/LEIS%20MUNICIPAIS_295_2009_0000001. pdf. Acesso em: 25 jun. 2020.

ARROYO, Miguel G. **Ofício de mestre:** imagens e autoimagens. 14. ed. Petrópolis: Vozes, 2013.

BERGER, Peter; LUCKMANN, Thomas. **A construção social da realidade:** tratado de sociologia do conhecimento. 21. ed. Petrópolis: Vozes, 2002.

BRASIL. **Diretrizes Operacionais para Educação Básica nas Escolas do Campo.** Resolução n.º 2, de 28 de Abril de 2008. Publicada no DOU de 29 abr. 2008.

CERTEAU, Michel de. 2005. **A invenção do cotidiano.** Tradução de Ephraim Ferreira Alves. v. 1. 11. ed. Rio de Janeiro: Vozes, 2005. (Artes de Fazer).

CEVASCO, Maria Elisa. **Para ler Raymond Williams.** São Paulo: Paz e Terra, 2001.

CIAMPA, Antônio da Costa. **A estória do Severino e a História da Severina.** São Paulo: Brasiliense, 2001.

CIAMPA, Antônio da Costa. **As categorias fundamentais da Psicologia Social.** São Paulo: Brasiliense, 1998.

CIAMPA, Antônio da Costa. Identidade. *In:* LANE, Silvia; CODO, Wanderley. (org.). **Psicologia Social:** o homem em movimento. 4. ed. São Paulo: Editora Brasiliense, 2004. p. 58-75.

CORREA, Maria Francisca R. **Educação Ribeirinha**: encantos e desencantos. 2009. Monografia (Licenciatura em Pedagogia) – Campus Universitário de Abaetetuba/UFPA, Abaetetuba, 2009.

CUNHA, Manoela Carneiro da; ALMEIDA, Mauro W. B. Populações tradicionais e conservação ambiental. *In:* CAPOBIANCO, João Paulo Ribeiro *et al.* **Biodiversidade na Amazônia brasileira**: avaliação e ações prioritárias para a conservação, uso sustentável e repartição de benefícios. São Paulo, Estação Liberdade: Instituto Socioambiental, 2001.

CUNHA, Maria Isabel da. **O bom professor e sua prática**. Campinas: Papirus, 1989.

DAYRELL, Juarez (org.). **Múltiplos olhares sobre Educação e Cultura**. Belo Horizonte: UFMG, 1986.

DIEGUES, Antônio Carlos. **O Mito moderno da natureza intocada**. 3. ed. São Paulo: Hucitec, 2001.

DUARTE, Rosália. Pesquisa Qualitativa: reflexões sobre o trabalho de campo. **Cadernos de Pesquisa**, Rio de Janeiro, n. 115, p. 139-154, mar. 2002.

FLEURI, Reinaldo Matias (org.). **Educação Intercultural:** mediações necessárias. Rio de Janeiro: DP&A, 2003.

FLEURI, Reinaldo Matias. Intercultura e Educação. **Revista Brasileira de Educação**, Florianópolis, n. 23, p. 91-124, maio-ago. 2003.

FORQUIN, Jean-Claude. **Escola e Cultura:** a sociologia do conhecimento escolar. Porto Alegre: Artes Médicas, 1993.

FREIRE, Paulo. **Pedagogia da Autonomia:** saberes necessários à prática educativa. São Paulo: Paz e Terra, 1996.

GATTI, Bernadete Angelina. **A construção da pesquisa em educação no Brasil**. Brasília: Plano Editorial, 2002. (Série pesquisa em educação, v. 1).

GATTI, Bernadete Angelina. **Grupo focal na pesquisa em Ciências Sociais e Humanas**. Brasília: **Líber Livro, 2005.**

GAUTHIER, Clermont. **Por uma Teoria da Pedagogia**: pesquisas contemporâneas sobre o saber docente. Ijuí/Brasília: Ed. UNIJUI, 1998.

JAPIASSU, Hilton. **Dicionário básico de Filosofia**. 3. ed. Rio de Janeiro: Zahar, 2001.

JAPIASSU, Hilton. **Questões epistemológicas**. Rio de Janeiro: Imago, 1981.

KONDER, Leandro. **O futuro da filosofia da práxis**: o pensamento de Marx no século XXI. 2. ed. São Paulo: Paz e Terra, 1992.

LARAIA, Roque de Barros. **Cultura**: um conceito antropológico. 11. ed. São Paulo: Zahar, 1985.

LE BRETON, David. **As paixões ordinárias**: antropologia das emoções. Tradução de Luís Alberto Salton Peretti. Petrópolis: Vozes, 2009.

LUDKE, Menga; ANDRÉ, Marli E. D. A. **Pesquisa em Educação**: abordagens qualitativas. São Paulo: EPU, 1986.

MACHADO, Jorge. **História de Abaetetuba**: com referências na história social e econômica da Amazônia. Abaetetuba: Edições Alquimia, 2005.

MARX, Karl; ENGELS, Friedrich. **A Ideologia Alemã**. Tradução de Luis Cláudio de Castro e Costa. São Paulo: Martins Fontes, 1998.

MELO NETO, João Cabral de. **Morte e Vida Severina e outros poemas em voz alta**. Rio de Janeiro: José Olímpio, 1974. p. 73-79.

MORIN, Edgar. **Os sete saberes necessários à educação do futuro**. 2. ed. Tradução de Catarina Eleonora S. da Silva e Jeanne Sawaya. São Paulo: Cortez; Brasília: Unesco, 2000.

NETO, Alfredo Veiga. Espaços tempos e disciplinas: a criança ainda deve ir à escola? *In*: MAZZOTTI, Alda Judith Alves. *et al.* (org.). **Linguagens, espaços e tempos no ensinar e aprender**. Rio de Janeiro: DP&A, 2000. p. 9-20.

NÓVOA, Antônio. (coord.). **Os professores e a sua formação.** Lisboa: Dom Quixote, 1992.

NÓVOA, António. **Vidas de Professores.** Porto: Porto Editora, 2000.

OLIVEIRA, Ivanilde Apoluceno de (org.). **Cartografias Ribeirinhas:** saberes e representações sobre práticas sociais cotidianas de alfabetizandos amazônidas. 2. ed. Belém: Eduepa, 2008.

PARO, Vitor Henrique. **Escritos sobre educação.** São Paulo: Xamã, 2001. p. 9-47.

PIMENTA, Selma Garrido (org.). **Saberes pedagógicos e atividade docente.** São Paulo. Cortez. 2005.

SANTOS, José Luiz dos. **O que é Cultura.** São Paulo: Brasiliense, 2003.

SILVA, Maria das Graças. Ribeirinhos Amazônidas: saberes, biodiversidade e modos de vida. *In:* SEMINÁRIO DO PROGRAMA DE PÓS-GRADUAÇÃO EM EDUCAÇÃO DO CCSE/UEPA, 2. **Anais** [...]. Belém: UEPA, 2006.

SOARES, Magda. **Linguagem e escola:** uma perspectiva social. São Paulo: Ed. Ática, 1987.

TARDIF, Maurice. **Saberes Docentes e formação de professores.** Petrópolis: Vozes, 2006.

TARDIF, Maurice. **Saberes docentes e formação profissional.** 7. ed. Petrópolis: Vozes, 2002.

TRIVIÑOS, Augusto N. S. **Introdução à pesquisa em ciências sociais:** a pesquisa qualitativa em educação. São Paulo: Atlas, 1987.

TRIVIÑOS, Augusto Nibaldo Silva. **Introdução à pesquisa em Ciências Sociais:** a pesquisa qualitativa em educação – o positivismo, a fenomenologia, o marxismo. 5. ed. 18 reimp. São Paulo: Atlas, 2009. 175 p.

WALLON, Henri. **Psicologia e Educação da criança.** Lisboa: Veja, 1979.

WILLIAMS, Raymond. **Cultura e Materialismo.** Tradução de André Glaser. São Paulo: Editora Unesp, 2011.

WILLIAMS, Raymond. **Cultura e sociedade**. Tradução de Leônidas H. B. Hegenberg, Octany Silveira da Mota e Anísio Teixeira. São Paulo: Editora Nacional, 1969.

WILLIAMS, Raymond. **Cultura**. Tradução de Lólio Lourenço de Oliveira. Rio de Janeiro: Paz e Terra, 1992.

WILLIAMS, Raymond. **Palavras-chave**: um vocabulário de cultura e sociedade. Tradução de Sandra Guardini Vasconcelos. São Paulo: Boitempo, 2007.

ÍNDICE REMISSIVO

C

Cultura 7, 11, 12, 15, 19, 21, 22, 26, 39, 46-48, 56-59, 66-68, 70, 75-78, 80-96, 102, 113, 123, 124, 148, 169

D

Docência ribeirinha 33, 50, 116, 125, 128, 157, 169

I

Identidade docente 19, 25, 26, 30, 50, 59, 60, 65-74, 97-100, 102, 103, 108, 110, 123, 124, 146, 150

N

Narrativas orais 19-21, 25, 26, 29, 32, 47, 49, 51, 53-56, 113, 159-163, 165, 169

P

Prática pedagógica 24, 109, 110, 142, 152

R

Representações de professores 12, 19-21, 25-27, 29, 32, 37, 53, 56, 113, 114, 117, 123, 138, 140-142, 148, 149, 156, 162, 163, 165, 166, 170

S

Saberes docentes 19, 20, 26, 37, 56, 57, 96, 97, 99, 104, 108, 110, 149, 150, 152